滄海叢刊

文學之旅

蕭傳文　著

1986

東大圖書公司印行

▶阿拉伯婦女在西乃沙漠中

死海日出奇景▼

自序

我國古人有「讀萬卷書、行萬里路」的豪情壯舉，旅行的確是一種可以開拓胸襟，增廣見聞及充實生活內涵的活動，自從近年政府開放國外旅遊觀光以來，出國旅行成為一時風尚，國人足跡所到之處，近者如東南亞，遠者則有美、加及歐洲各國，多年以來我也到過一些地方，記得第一次是隨教授訪問團前往日本及韓國作學術及文教設施的訪問考察，其後即往美國及加拿大觀光，最近一次則為隨天主教朝聖團前往中東及歐洲十餘國，此行留下深刻印象的是埃及的金字塔，耶路撒冷的古老聖地，羅馬的偉大教堂，巴黎的聖母院，瑞士的湖光山色，希臘的愛琴海風光，荷蘭的鄉村風車，倫敦的西敏寺，馬德里廣場的噴泉夜景等等，將自己一些感受和心得發為文字，留作個人生命中的一點紀念。

蕭傳文民國七十五年四月

於臺中寓所

文學之旅目次

一、古都月色

古都月色

今夜，我在這兒踏着月色，清冷的，有點淒涼，不，是寂寞，眞的是寂寞，而且寂寞得令人心顫，這世界上有數的古都之一——加德滿都，尼泊爾人遠在公元前六百多年建立的王朝的光輝那裡去了？基蘭底王朝到公元前二百五十年時，已經傳位十四代，直到公元十八世紀中葉，更由沙阿王朝統一了全國，這一段輝煌燦爛的史蹟，難道如今祇剩下一片殘破寥落，在清冷淒迷的月光下嘆息嗎？我這個異鄉人，特從遠方來到此地，目覩眼前這片景象，沒有悲哀，只有感慨，沒有嘆息，只有同情。想想這一古老王國，在異族的統治下達一百多年之久，元氣大傷，從此國力不振，未嘗不是一件不幸的事。自公元一八一四年起，淪爲英帝國主義者的殖民地，直到一九二三年纔擺脫統治，獲得獨立，在這一段漫長歲月中，尼泊爾人等於做了一場惡夢，統治者除掉壓榨和迫害外，什麼也沒有留下。製造愚民原是侵略者一貫的手法，尼泊爾至今仍然處在貧窮落後狀態中，人民普遍缺乏接受教育的機會，沒有獨立自主和奮發圖强的知識與能力，這是多麼可悲的現象。現在，纔是晚上八點多鐘，古都的街上竟是一片冷清，所有的商店都已關門歇業，行人稀少，街車也是寥寥可數，只有遠道而來的觀光客，三五成群地在街頭漫遊，大家可以從容自在地踱着方步，由大街轉入小巷，月光從碧澄如洗的天空流瀉下來，將街道兩旁默默地峙立着的古老建築物上灑下一片清輝，在尼泊爾歷史上曾經光輝過一時的王朝業績，而今祇遺下這些亭台樓閣，供人觀賞憑弔，我們除掉徘徊留連之外，還能夠說什麼呢？

第二天大家驅車來到巴坦城，這是尼泊爾境內除加德滿都外另一個古城，據史料記載此城建於三世紀，算來已有一千七百年之久，這裡的灰暗和凄涼氣氛，更甚於加德滿都。我們沿着狹窄的街道走去，兩旁的木造樓房，其破損頹敗的外貌，似乎有隨時傾圮的危險，令人想到一個飽經滄桑的老人，瑟縮顫慄在冷風淒雨之中。樓房的木板都呈黑褐色，斑駁灰暗，光澤盡失，很難令人想像曾是過去王朝時代風光過一時的建築物。更令人難以置信的，在街上觸目所見，竟是成群的兒童乞丐，汚齪漆黑的臉上，流露一副飢餓可憐的神色，每人一雙赤脚，衣衫破爛，伸出瘦癟的小手向人乞討。我特別留意一個稚弱的小女孩，身上的破衣裸露着肩膀和手臂，有一雙漆黑靈活的大眼睛，我走近她，摸了摸她的頭，她立即抬起臉來，對我笑一笑，我不禁心顫一下，你這麼可愛又可憐的小女孩啊，雖然我們之間陌生，你溫和的笑容，却溫暖了我這異鄉客的心，僅憑這點，我便深深覺得，這一趟遙遠的異國之行沒有白費，我會永遠記得你，你的天眞和純樸，幾乎使我不忍心將這點錢塞進你的手裡，要不是我的同伴已經走得很遠，我怕追不上他們而落單，眞想跟你多聚一會，陌生的小女孩，你當然永遠不會知道我是誰，可是這一點都沒有關係，只要這一刹那，我們的心聲曾經交流過，一刹那豈不就是永恒？

一陣風從僻靜的小巷吹過來，帶來濃齪的臭味，不禁懷疑是附近腐爛的動物屍體，但仔細看去，眞使人嚇一大跳，原來是一堆髒穢，據嚮導說，此地貧窮人家的住宅，衞生設備缺乏，人們都趁夜間在戶外就地方便，其實在白天何嘗不是如此，那邊不遠的牆角，就有人站在那兒，姿勢十分不雅，令人皺眉。

廟和塔

尼泊爾這一蜷伏在喜瑪拉雅山麓的古老王國，雖然現在瀕臨沒落的邊緣，昔日王朝時代的風光盡失，却留下不少富歷史意義和藝術價值的建築物，當我們漫步在加德滿都的街道時，隨處可見。

現在我們站在一處街邊，一座氣派非凡充滿古典氣氛的神廟，像巨人般莊嚴肅穆，它的屋頂伸向天空，抬起頭來幾乎望不到頂端。正午的陽光雖烈，但在窗邊簷下照耀不到的地方，仍然留下濃濃的陰影，顯得幽暗陰森。嚮導說這座古廟已有六百多年，整幢建築似乎都用木頭造成，粗壯的圓柱，線條優美的欄干，都是上等的木料，至於牆壁是否摻有別的材料，我這外行人是無法分辨的。壁上和簷角窗檻上，爲精美細緻的浮雕所佔滿，各種浮雕的形象好像相當複雜而豐富，可惜我的眼睛近視，看不十分淸楚，後悔沒有帶望遠鏡來。想着古代尼泊爾的藝術家們，在這些地方耗了多少心血和精力，也是用智慧和想像堆聚起來的，其功力和技巧眞令人嘆服。尼泊爾鄰近佛教發源地的印度，當然受佛教思想的影響很深，也是人民最主要的宗教信仰，給我印象最深刻的是愛神廟，這座古老的神廟，雖然已經年代湮久，但外貌仍然保存完整，雄偉而莊嚴，有一種凜然不可嚮邇的非凡氣魄。同樣象徵佛教出世思想的另一型建築物是佛塔，風格很接近中國大陸上的古塔，方形的塔身一層層疊上去，顯得異常高聳而昂揚，有一種固執而倔强的神貌，似乎懾人心魄。我站在加德滿都的一個街角，仰頭望去，頸子都酸了，可是還沒有看够，看了還想看。同伴中有人說，這些古塔的形貌是受中國風格的影響，經這一提醒，大家似乎忽然恍然大悟，難怪看來覺得熟悉又親切，原來在這萬里之外的異域，重享了一次祖國文化的溫馨，能不令人快慰！

加德滿都原是尼泊爾王國歷代君王在此建都的名城，開始在此建都的王朝是基蘭底，迄今已是二千五百多年了，後來繼承比較出色的王朝如利却哈維王朝、蘇種亞瓦而西王朝以及答庫里王朝等，經過這麼悠久的歷史，歷代興建而又保存下來的宮殿相當可觀，亭臺樓閣，巍峩堂皇，而今雖已多呈半毁狀態，但當年王公貴族那種豪華富麗的氣派和風光，仍能令人想見一斑，眞是一樑一柱，一石一瓦，都具有歷史價値，現在我們豈不置身在時光隧道中回味歷史陳跡嗎？加德滿都有藝術之都的美譽，實在是名不虛傳。

宇宙奇觀

是宇宙奇跡，也是大自然的偉大手筆，登喜瑪拉雅山觀賞日出，是個人生命中一次永難磨滅的紀念。

那是一個略帶寒意的清晨，時間大約在四點左右，天色仍是一片昏黑，嚮導便在外面等我們出發了。早在昨天晚餐桌上，他就向大家宣佈，想去觀賞日出的人必須提早上床休息，以便養足精神和體力，能趕上今天凌晨的巴士動身。好在大家都有了心理上的準備，今天決定準時登車，一分鐘也不能躭誤，誰也不願放過這千載難逢的機會。上車後一路上疾駛，從車窗外望，只見一片淡白的月色，將山野照得朦朦朧朧，什麼也看不清楚。車子抵達喜瑪拉雅山麓的一座小山前，這時天色仍是漆黑的，下得車後只能摸黑步行，由於環境陌生，加上沒有黑夜走山路的經驗，大家都是小心翼翼，幾乎是寸步難行。此處爲一小村落，當地的居民都有擔任嚮導的經驗，他們也起得很早，有些青年和小孩已在山脚等候，當我們一下車就跑上前來，爭着要做我們的嚮導，他們主動地上前服務，有的從旁指點協助，告訴你如何走，在那裡下脚比較安全，有的索興伸出手來攙扶，誠懇又熱心，使你在感動之餘，不得不多付幾文作酬報。

大約在山區步行三十分鐘左右，便來到一處小山頂，這時月已西沈，東邊天空開始泛白，時間一分一秒過去，雲霞在瞬息之間，千變萬化，一片銀輝愈延愈廣，也愈來愈閃亮，漸漸地一縷淡紅色霞光從銀輝後面射出，接着便是千縷萬縷，終於凝聚成一大片，從東邊向四周擴散、延伸，顏色由淡紅轉橘黃、深紅、紫紅、色澤愈來愈濃，也愈來愈艷，彷彿一片五彩繽紛的錦繡舖滿天空，只一眨眼，一團鮮紅的朝陽由弓形而半圓，由半圓而全圓，乍然湧現，將這世界屋脊的喜瑪拉雅山照耀得晶瑩燦爛，氣象萬千，一幕宇宙奇觀終告完成了。

二、朝聖旅程

初履聖地

大家抖落一身金字塔下的灰沙，登上專車，滿懷興奮與喜悅，前往耶路撒冷朝聖去。

在以色列車站的入境室，首次看到全副武裝的軍人，一位面貌秀麗的女兵朝我望一眼，大約二十歲，年輕得令人憐愛。遞上護照後，我一直望着她，從櫃檯後露出半截身子，草綠色的制服很適合她的身裁，顯出玲瓏可愛的曲線，胸前却是規規矩矩的每粒鈕釦都扣好，左胸口袋邊露出一方小手帕。

「你來以色列做什麼?」一口不純熟的英語，睜起一雙清麗明澈的大眼睛望過來，柔聲地問。

「朝拜聖地。」

她點點頭，粉頰上透出兩朵微笑，人是頂和氣的，檢視護照却一點也不馬虎，翻來覆去的看了又看，用手指點着一行行的字，仔細地往下看，又發問了：

「從那裡來的？」

「中華民國，臺灣。」

我的背後站着等候的人，愈來愈多，心裡雖然有點焦急，恨不能立刻過關入境，但仍耐心地等着，想着人家正在全國皆兵對外作戰，對每一個進入國境的外國人，盤查嚴格一點，原是值得同情和無可厚非之事。好容易聽到兩下啪啪的響聲，她終於在簽證卡上蓋章了，我如獲大赦般接過護照過關入境了。

專車在以色列寬敞的高速公路上奔馳，一路上被有名的中東的烈陽猛追不捨，車內雖有空氣調節，仍然覺得熱不可當。很想打瞌睡，却捨不得放過沿途的景物。主觀上覺得以色列比埃及富足多了，公路兩旁青山處處，林木蒼翠，土地規劃整齊的苗圃和農作物，到處可見，遠望一片青葱，只是看不出屬那一類樹苗和蔬菓，或棉花及稻麥之類。據導遊說，以色列利用他們卓越的科技知識，將約旦河的水大量引進，使境內農作物獲得足够的灌溉，加上他們先天吃苦耐勞的民族性，努力追求和發展新的科技，舉國上下，一致奮發，團結合作，在中東各國中，雖然資源不及他人，土地面積又小，却已成爲唯一的科技輸出國家，近年來我們復興基地臺灣也曾向他們買進科技設備，在邁向現代化開發國家中，它已經是中東各國中的佼佼者了。

以色列目前雖然正處於戰爭中，但我們一路上却看不出絲毫戰爭的痕跡，人民安居樂業，鄉村一片寧靜，唯一使外來觀光客嗅到戰爭氣息的，便是偶然遇見一隊全副武裝的兵士，路旁的坦克車、戰車及鐵絲網等等，男女兵士都很年輕，有些還有一副帶點稚氣的娃娃臉。

有福地、聖地、戰地之稱的耶路撒冷，值得信徒們朝拜和瞻仰的地方太多，而且都在舊城，因此我們的旅遊專車在新城經過時沒有停留，直往舊城駛去。當天到達時已是午後，車子停在城牆門口，因爲舊城的街道太狹窄，車輛不能進入，在這裡我們纔正式開始了參拜天主聖殿的活動，想想不遠萬里迢迢前來，今天眞正到達了聖地，該是一件多麼令人興奮和快慰的事。

阿拉伯人的世界

據舊約記載，耶路撒冷原是天主賜給以色列人的一塊人間聖地，中間經過多次的戰禍，這塊土地終於落在阿拉伯人的手裡，幾百年來，阿拉伯人世世代代定居於此，他們已在此生了根，似乎再也沒有遷徙別處的打算。這裡的氣候乾燥而炎熱，阿拉伯沙漠的灰沙滿天飛揚，難道阿拉伯人也帶來了他們故鄉的特產？

高鼻子、深陷的眼珠、狹長的面龐，一張輪廓分明得令人一見難忘的臉，算得上是一支姿容英俊的民族。走在耶路撒冷的大街小巷，阿拉伯人像是你自己的影子一樣，在你的身邊無聲無臭地走過，脚步悠閒而輕快，地面上堅硬如鐵的石頭，似乎對他們特別仁慈，從不砸痛他們的脚。我的脚在第一天就被石頭砸痛了，大拇趾被踫得發痲，脚底被磨出硬繭來，水泡破了，痛得要命，抬頭看看身邊的阿拉伯人，走得像水中的游魚一般自在。

小木櫃前，揭開布帘往裡看，空的，沒有神父，還沒有信徒來告解。來到聖殿前，一尊又一尊的神像，莊嚴地立在那兒，有的坐着，精美細緻的大理石，發出晶瑩的光，站在這些偉大的先知和聖者面前，似乎聽到了耶穌的啓示：「善良的人是有福的，內心潔淨的人是有福的。」

三、耶路撒冷去來

家庭式旅館

七月十八日午後二時半，朝聖團的旅遊專車先到達耶路撒冷新城，沒有停車，在寬敞整潔的街道上駛過，看到許多建築物樓頂上，裝着新式的太陽能設備，一個個白色橢圓形的巨槽，在太陽下閃着雪亮的光，這是以色列人新建的城市特拉維夫，他們利用嶄新的科技知識，將新城的建設完全現代化，街道兩旁的公寓樓房，一棟接着一棟，街上人車往來如織，到處是小型花園，一片青葱之中，有繁花點綴，看來十分清心悅目。

我們的目的地是耶路撒冷舊城，遠望一條古老灰色的城牆，全部用石塊堆砌而成，像一條失血的巨臂，將舊城牢牢地抱住，也將新城明顯地隔開。導遊員說，城牆共有七個城門，分東、西、南、北等七處，成爲新城和舊城的交通孔道。專車在一個城門口停下，城內街道狹窄，且路面全由石塊鋪成，高低不平，車子無法駛入。這座位於高原地帶海拔七百五〇公尺以上的中東宗教發源地，已有五千年的歷史，是由從北向南迤邐而行的兩個山崗所形成，原來中間有一條狹長的山谷，由於歲月長久，山谷被填平，現在已經看不出任何痕跡了。

我們在此停留的七天，住的旅館位于一條偏僻的小巷裏，是由天主教會人士所設立，窄小的門面，和普通住家差不多，毫不起眼，據說是專爲接待從世界各地前來的朝聖者而設，價格廉宜，沒有一般觀光旅館的豪華設備，服務人員也少，只有櫃檯內一位老者負責管理房間的鑰匙，我們拿到後，逕自入內按照號碼尋找自己的房間，行李也是自己提着上樓。走廊寂靜無聲，全部深藍色厚地毯，開門入內，房間不大，却是窗明几淨，整潔異常，潔白的被褥枕頭，窗戶洞開，白紗窗帘，臨風飄拂，一派幽雅恬靜的氣氛，桌上沒有電視機，床頭沒有收音機，和電話分機，這種樸素無華的家庭式旅舍，正是身心俱憊，風塵僕僕的長途旅人所需要的休甜之所。

夜深人靜，一輪皎月探窗，在這萬里迢迢之外的異域，我沒有睡意，靜靜傾聽，有陣陣奇異的吼聲，從窗外傳來，聲音粗壯高亢，隔着高聳的石牆，聽來淒涼恐怖，使我無法入眠。第二天問神父們，據告這吼聲是回教徒的祈禱，他們往往在深夜向天主祈求降福，是不是有意挑在闃靜無聲的時刻，好讓天主聽到接納，是令人煞費猜疑的。每天清晨，我在悠悠的鐘聲中醒來，一看錶五點正，鐘聲由遠而近，僅幾秒鐘卽止，接着每隔一刻鐘敲一次，直到六點正，才是萬鐘齊鳴，比剛纔的響聲既宏亮又長久，一片噹噹噹，遠近各教堂的鐘都響了，肅穆雄壯，使人精神爲之一振，我再也不能戀床了，想起又要開始一天緊張匆忙的朝聖活動了。昨天晚餐時，導遊員曾向大家宣告，今天因為不能行車，大家只好步行，有人笑說是比賽腿勁。我特地打開行李包，找出一雙塑膠平底鞋穿上，在臺灣僅在上菜市場穿的，現在却派上了大用場。

步出房間，在走道上碰見的除掉我們的同伴外，不是神父就是修女，人人一臉微笑，「早安！早安！」一天早晨，在樓梯口碰見一位老神父，約六十多歲，一身黑色長袍，忽然站住問我們，竟是一口純熟的山東話：

「你們是從臺灣來的？」

「是啊！」

同伴們一齊圍上前來，在這異域聽到祖國的語音，興奮之情可以想見，大家你一句我一句，一時詢長問短，好像碰到多年不見的親友一樣。

「我姓何。」老神父說，分明是高鼻子藍眼睛，誰能相信？耐心地聽他說下去，原來在三十多年前，大陸尚未被中共竊據時，何神父在我國山東省傳敎達十多年之久，他是西班牙人，却口口聲聲說中國是他的祖國，他說他還沒有到過臺灣，希望有一天能去，他熱愛中國，甚至超過他眞正的祖國西班牙，我當卽寫下我在臺灣的住址給他，希望他到臺灣時來找我，然後握手話別。

石頭世界

在耶路撒冷舊城，穿過大街小巷，無論是看到的，手觸到的，雙足踩着的，身子靠着的，全是堅硬冰冷的石頭，圓的、方的、扁的、不規則形的，顏色有灰、褐、土黃、黑和白的，聖經舊約記載：「宗徒們都驚訝地對耶穌說：『師傅，請看，這是何等的石頭，何等的建築！』」所有的教堂，無論是門廊、圍牆、走道、樓梯、庭階、圓柱和窗檻等等，沒有一處不是用粗大的石塊建造的，遍地舖滿石塊更不用說，據資料上說，有些石塊長達九至十二公尺，高和寬約一至二公尺，而且所有供奉的神像，也全是用大理石或花崗石彫刻而成。神殿中的石穴，一個接着一個，一層層往下延伸，大家沿着螺旋形的石梯，下去上來，上來又下去，右彎右轉，全是石壁石牆，每個洞穴，都有一段聖經上的傳統故事，有訴說不完的神奇事蹟，耶穌的聖墓深藏在石窖中，墓前燭光閃耀，將本來漆黑不見五指的洞穴，照得通亮，虔誠的信徒們，在管理人員的指點下，一個個依次進入，有的跪在地上，俯首在墓石上親吻。聖母瑪利亞的墓地在另一個石穴中，也有絡繹不絕的信徒，前往瞻仰膜拜。每次進入墓穴，都須走過一段相當長的甬道，又低又狹，必須低頭彎腰，脚下是高低不平的石頭，兩邊是凹凸的巉岩石壁，有的甬道分好幾段，每段的入口處懸掛着精細軟緞、圖案美麗的帘子；手觸卽可知道。有的甬道黝暗，事前神父們曾囑大家攜帶手電筒，此時正是需要。有的則有電燈或燭光照明，但脚下仍須小心，萬一跌倒，上下左右都是岩石，不跌傷流血，也會割破皮膚。我手上的電筒光度太弱，走得一脚高一脚低，必須扶着牆壁，緩緩地往前移步。參拜聖殿的人太多，你來我往，彼此擦肩而過，可是肅靜無聲，除掉脚步踏在石板上的響聲外，大家都能保持肅靜，秩序井然。

四、耶路撒冷的早晨

清晨的訪客

在耶路撒冷駐足七天，每天清晨第一個前來叩窗的訪客，便是那縷縷不絕的鐘聲。第一天聽到，使我從睡夢中矍然驚醒，有一種莫名的新鮮感受，生平聽過的鐘聲何止千百次，可是這鐘聲卻是不同。立刻從床上爬起，來到窗前，推開百葉窗，掀起帘子，鐘聲像流水般汩汩地湧進，擋也擋不住，一聲聲，一陣陣，將中東古國的神秘和濃郁的宗教氣息，一股腦兒襲來，飄散滿室。

一抬頭，只見天空泛起一片乳白色，對面灰色素淨的高牆，將視線阻住，什麼也看不見。時間實在太早，錶上纔五點正，除掉鐘聲外，四周寂靜異常，鐘聲更顯得洪亮鏗鏘，那份氣魄，彷彿征服了整個世界。這時有一羣鴿子，從對面的屋頂上驟然飛起，只一剎那，由三五隻到十幾隻，又到數十成百以上，不知道從那裏鑽出來的，一時之間，由屋角到牆頭，從地面到樹上，全是玲瓏可愛的鴿子。忽然有兩隻飛到我的窗邊，伸長脖子，側着頭，眼睛朝我張望，我們彼此雖然陌生，卻沒有畏怯，我拿來昨晚吃剩的麵包，撕成碎片，丢在窗檯上，兩隻鴿子爭着啄食，同時嘴裏發出咕咕的低語，我把牠們視作我的第二號訪客，在這異國的清晨，帶給我的是喜悅、慰藉和溫馨，將我客居的寂寞，驅得無影無蹤。

每天五點過後，六點的鐘聲，又是另一番氣勢，所有遠近教堂的鐘，一齊鳴放，一聲緊接一聲，密集重疊，分不出那聲是從那個教堂發出的，旅舍的四周，教堂林立，每座教堂都有鐘樓，誰也說不清究竟有多少教堂和鐘樓，反正只聽到鐘聲排山倒海而來，有人告訴我，耶路撒冷的清晨，是鐘聲的世界，在這古老的宗教發祥地，莊嚴肅穆的鐘聲，正是天主對祂萬千子民的召喚。

幾乎每天隨着清晨的鐘聲而來的，便是翩翩飛舞的鴿羣，牠們顯然也是從鐘聲中醒轉的，你能說鳥兒們是沒有靈性的動物嗎？

從此我每天從晚餐桌上，帶回一片麵包，準備第二天清晨用來款待我可愛的訪客。

小巷毛驢

朝聖團寄住的旅舍，位於一條狹窄彎曲的小巷裏，只要站在大門口，便可以看到阿拉伯人騎着驢子，慢吞吞地走過去。首先是一陣嗒嗒的蹄聲，是驢子的脚踏在石板上的清響，嗒！嗒！悠徐遲滯，很像經過長途跋涉後，疲累不堪的老人脚步，從旅舍後面的小巷響起，也許已經走了好一段路，不知道是從那裏起步的，總讓人想起是從遙遠的天邊來的。

驢子來了，一身棕黑色的毛，身子瘦小，睜着一雙怯生的眼睛，左右張望，頭微低着，尾巴輕擺着，四條瘦長的腿，踏在地上穩當沉重，彷彿提不起來，背上馱着重物，不是鼓脹的蔴布袋，就是籮筐之類，有時背上坐了人，一個乾癟瘦削的老頭子，白布長袍在風中揚起，頭上也包了白布，一根繩索從驢子的頸部兜過來，拉在老人手裏。每次走過，我必懷着無比的好奇心，凝神地望着，生平從未見過驢子，大陸的家鄉南方沒有，只在描寫北方農村的小說中讀過，如今來到這阿拉伯人的世界，覺得是一幕奇景，新鮮有趣，使我嗅到了中東古老的氣息，那老者微駝的背影，輕擺的驢子尾巴，漸行漸遠，終於消失在巷尾的幽暗中，不禁感到一份蒼涼，一份落寞。

賣麥餅的孩子

每天吃過早飯後，我們從旅舍出來，走過一段狹長的巷道來到街邊，在等候遊覽巴士的空檔時，我最愛走到街角，看看那個賣麥餅的孩子。一個頂多十五歲左右的男孩，光頭，一身汗衫短褲，脚下一雙舊球鞋，堆着一臉稚笑，站在木架旁，架上擱着圓形的竹盤，一疊疊麥餅堆放在盤裏，長圓形的餅，厚厚的，一隻至少有半斤多，兩面烤成微黃，逗着陣陣焦香味，餅上灑了一層白麵粉，看來香脆可口。男孩一直守着，應付每個前來買餅的人，數錢收錢，將餅塞入塑膠袋內，交給顧客，一雙手做得靈活熟練，又快又好。

買餅的人相當多，有散步的老人、上班的男女、上學的男女學生、出門趕路的生意人等等，從他們的衣着和神態上，猜他們的身分大致不會錯。男孩顯然跟他們都熟悉，他一邊拿餅一邊跟他們談笑，可惜說的是阿拉伯語，我一句也聽不懂。他拿起一個餅向我走近，笑着說了一句什麼，我搖搖頭，也對他笑一笑。這時一縷朝陽射來，染紅了男孩的一臉一身，我離去的時候，在心裏深深地祝福他。

五、耶路撒冷印象

寂靜的古墓

我們一個緊跟著一個的脚步，一步步往下走去，石梯也層層往下延伸，左彎右拐，似乎永遠走不完，只覺得愈走愈深，一股寒氣從四面湧來，領隊的人說，還早得很呢，要到達深入地層的古墓，恐怕誰也沒有數過，究竟要跨過多少級石梯，石梯是粗厚的麻石所砌成，每塊至少有一尺到兩尺厚，脚踏上去穩固堅實，發出沉重的聲音。地窖內一片幽暗，雖有照明設備，亮度顯然不夠，在一些轉彎的地方和角隅，更是漆黑，我後悔沒有將電筒帶來，記得朝聖團在臺北出發的前夕，領隊的人吩咐大家各人攜一支手電筒，當天晚上，我臨時由友人陪着，在街上買了一支，也帶了來，今晨在旅舍匆匆登車出門，却忘記攜帶。不過同伴中有人帶電筒，由偶然的閃光中，我看到了梯旁的石欄竟是光滑如鏡，聽領隊說，這些石窟墓地，至少已有三千年以上，每年由世界各地前來的朝聖者，何止千萬，想想看，這些石欄已經過多少人撫觸，梯面也被踏得平坦好走，但很窄；有的石梯沒有欄杆，行人必須緊扶牆壁才敢邁步，牆壁也是石頭造的，抬頭四顧，在這幽深陰暗的石窟內，發覺上下左右全是石頭，生平第一次置身在此石天石地中，一種新鮮奇異的感覺，油然而生。

終於來到石窟的底層，領隊說目的地到了，只見眼前一列列石棺，排得井然有序，地窟分左右伸出，也有四通八達的，一眼望去，看不到盡頭，森冷、深邃，寂靜得有點令人恐怖。我也想試試自己的膽量，獨自來到一具石棺邊，伸手觸摸棺蓋，一股沁人的寒冷，從指尖襲來，不禁一陣顫慄，頭皮發麻，想着說不定從棺蓋中伸出一隻灰白的手來。

在耶穌的墓穴內有兩小間石屋，裡面一間停放屍體，外面一間有方形的石台，台上放着香料，用以消除惡氣。四周設有石凳，是爲當時死者的家屬前來弔祭時休息的。據聖經上記載，耶穌後來死而復活升天去了，但墳墓仍然保存至今，也成爲萬千信徒瞻仰膜拜的聖地。

資料上顯示，因爲石頭堅硬，既不會腐蝕，也不發潮，墓穴和棺材，全部由石頭做成，迄今歷時三千年以上，仍能保持原狀，絲毫無損，原來耶路撒冷漫山遍地都是石頭，古人就地取材，毫不費力，因此有人認爲石頭是這個宗教發祥地的最好的見證，證實了聖經中許多神奇偉大的事蹟，也記下了人類史上無數滄桑故事，埋在石窟內的有聖者、神職人員、信徒及古代羅馬帝王貴族等，有的是家族墓穴，一家數代共埋一穴，也可算是世代同堂了。

石門內的世界

朝聖團在耶路撒冷停留七天，每天清晨在旅舍用過早餐後，卽集體出門，有時乘車，有時步行，視地點遠近而定，每次步行時，我常落在同伴們的後面，因爲沿途的風光景色，我都不甘心輕易放過。

這個原意「和平」的聖城耶路撒冷，居民大多數爲阿拉伯人，全城分爲二大部份，新城爲以色列人後來所建，一切建設完全現代化，而舊城遠在十六世紀卽已建立，是土耳其人興建的，全城有城牆圍繞，城牆全用厚實的巨石所築成，主要的宗教聖地都在舊城，爲世界各地教徒朝聖的焦點，我們朝聖團在此七天，不僅寄寓在舊城內，而且一切朝聖活動都在舊城。舊城的城牆、街道、教堂及住宅、商店等建築物，無一不是以石頭爲唯一的建材，眞是成了名副其實的石頭世界。

無論在街頭或巷道走過時，隨時可以看見一張張拱形的石門，擋住前路，有時則峙立路旁。城內的居民不多，一路走去，除掉一、二條主要街道有商店比較人多，稍顯熱鬧外，橫街和小巷，有時見不到一個行人，那些巍然聳立的石門，一律顯得陰森寂寞，寒意逼人。每次經過門口時，我爲好奇心驅使，必定竚足，伸頭向門內探望，一種新鮮奇異的感受，不禁油然而生。有的門內是一棟或一列矮小的石屋，木門洞開或半掩，屋前是一方鋪滿石板的空地，地上堆着零星雜物，一隻瘦貓懶洋洋地躺着，木門內一片幽暗，什麼也看不見。有的石屋開了窗，窗口裝有木條，窗內也是漆黑的。

在另一些石門內，有很寬敞的空地，地上擺着石凳石桌，三兩個老年男女，圍着小桌在閒坐聊天，男人吸烟斗，他們的身上一律灰白色寬袍，袍脚長垂及地，頭上裹了白布，在這樣炎熱的七月天氣，猛烈的太陽，是中東地方常有的，他們似乎一點兒不覺得熱，既不戴帽，也不撐傘，在陽光蒸晒下，怡然自得。每個老人的背微駝着，側着頭，像在認眞地聽人說話，誰知道他們在談些什麼呢？這些屬於中東古國的子民們，世世代代定居在這有五千年歷史的聖地，四周被海拔七百多公尺的羣山所環繞；漫山遍野都是巉岩峭石，現在他們踞坐在蔴灰色的石凳上，脚下也是灰白色的石塊，他們也彷彿成了石頭人了。

離我們寓居的旅舍附近，有一條僅容二人併肩走過的小巷，每天出入都是必經之地，小巷旁邊一連有三張石門，都作拱形，窄窄的，一天早晨，我看到一個阿拉伯婦人，從石門內走出，背後跟着一個五歲左右的小女孩，她的頭上梳兩條小辮，胖嘟嘟的圓臉，睜起一對深陷的黑眼珠，是在街上常見的阿拉伯人特有的那種眼珠，怯生生地望着我，母女倆在巷口買了麥餅，轉回家去，我一直望着她們跨進石門，在門邊女孩又回頭望我一眼，在這一刻，我恨不能跟着她們進去，一探石門內那神秘而又有趣的世界。

六、哭　牆

如果你想知道世界上那一個民族的感情最豐富，眼淚流得最多，最好到聖城耶路撒冷的哭牆去看看。

我們的旅遊專車剛一停下，抬頭望去，只見那邊廣場上熙熙攘攘，人來人往，待跨上廣場，立刻爲一片愁慘陰沉的氣氛所包圍，在一堵高聳的、全由灰褐色石頭築砌的牆邊，密集着成千上萬的猶太人，站的、跪的，伏靠牆邊的，蹲在牆脚的，人人將頭俯在胸前，有的手上捧着聖經，有的數著唸珠，有的雙手合十，有的在胸前劃十字，有的不停地點頭彎腰，同時一片嗡嗡之聲，在我們的耳邊繚繞迴盪，「他們在哭泣」，同伴們說，「爲什麼哭？」這不能說你少見多怪，本來嘛，在這艷陽滿天，風光明麗的日子，有什麼可悲傷的？你不相信？看看那些人有的淚流滿面，有的頻頻用手帕拭眼，有的甚至嚎啕大哭，如喪考妣。

每逢安息日和其他節日的前一天，猶太人扶老攜幼，成羣結隊的來到這裏祈禱，唸誦經文，同時伏牆痛哭，哀悼他們的聖殿，被羅馬人所毀壞，也害得他們的家園破損，骨肉離散。這一深仇大恨和悲慘遭遇，使他們刻骨銘心，永不忘懷。

據聖經舊約記載，公元前廿四年，有一位黑洛德王爲了保護聖城耶路撒冷和他自己的宮室，修建了一座富麗堂皇、非常堅固的城堡，在公元一三五年時被羅馬皇帝阿得黎雅諾所毀壞，這哭牆便是他所建聖殿圍牆被毀後剩下的一部份，原來面積很狹小，在一九六七年以色列人佔據了耶路撒冷後，便大事擴建整修。建造了這個面積寬大的廣場，現在便成了猶太人祈禱集會之所。

廣場中間用鐵絲網隔開，一分爲二，一邊是猶太婦女祈禱的地方，另一邊是猶太男人的世界，男女界限分明，同時婦女遊客也只能在婦女這一邊，不能越區到男人那邊去。廣場中間的小桌上，放着聖經小册子，任人取閱，我近前一看，一字不識只好放下。中年以上的猶太婦女，大多身材肥胖，有的臃腫異常，頭上蒙着白巾，將頭臉全部遮沒，看不到她們臉上的表情。年輕女子也着輕便時裝，個個臉色凝重肅穆，低着頭，嘴中唸唸有詞，也有閉目默禱的。

隔着鐵絲網望去，那邊的猶太男人，祈禱的方式似乎稍有不同，一位老者，身着黑色長袍，頭戴黑帽，一手捧聖經，一手持唸珠，兩手同時動作，像機械般向前伸出又縮回，如此一伸一縮，全身也跟着進退，他面部表情十分嚴肅，目不轉睛，同時點頭彎腰，表示對天主的尊敬，那份虔誠和專注，對神祇的敬仰之心，令人爲之感動。其他男子都在祈禱和唸誦經文，全場成千上百的祈禱者，沒有一個投閒置散、神情輕鬆自若的人，猶太人的宗教信仰和宗教感情，是如此眞摯和深切，想來天主是會降福給他們的。

一叢叢青葱茂盛的藤類植物，並有紫色小花，從牆上的石縫中，生氣沛然地滋生蔓延，耶城終年難得下雨，石牆上何能生長花草，我百思不得其解，想來也許是前來哭牆的猶太人的眼淚，滋潤培育了這些生命的奇蹟。

七、訪開羅・過聖城

酷陽，燠熱和乾燥，是我們初次踏上這個中東古國埃及的第一個印象，白花花的陽光，將一座偌大的機場，照耀得一片雪亮刺目，幾乎令人睜不開眼睛。埃航公司班機按時在開羅降落，現在正值旅遊觀光旺季，在機艙中就已感到人滿爲患，等候下機時更感不耐，人人手上挽着行李，站在艙座行列中，引頸前後張望，密密層層的人頭，眞不容易往前移步，我乘隙朝窗口外望，啊，好可怕的太陽，連忙從手袋中取出墨鏡戴上。同伴們有的備有草帽，早已聽說中東的太陽厲害，我在台北動身的時候，也匆忙買了一頂，可惜收在大行李包中，由飛機托運，此時無法取出，幸虧手上有把傘。隨着人們一步步往前挪移，好容易挨到機艙門口，穿白色制服的服務生，個個笑臉相送，一片「再見！再見！」之聲，不絕於耳。步下梯子，陣陣熱風，迎面撲來，急步跨入機場大廈，又只見一片人潮，你來我往，有不少是團體旅行的，跟我們一樣，大家跟着領隊的旗幟，魚貫而行。我是第一次參加團體出國旅遊，隨時留心前面的旗子，由於旅客多而雜亂，稍一大意，就被擠散，一走眼就看不到自己的團體，在這人生地不熟的異國，如果個人一時在人羣中迷失，不但自己心慌焦急，更爲團體帶來麻煩，甚至躭誤預定的旅程，絕非小事。

我們朝聖團一行卅餘人，這是出國後第一次出示護照接受檢驗的地方，在香港和曼谷二地，都只是過境而已，現在是正式入境埃及，我們依次排隊等候，共有五至六個關卡，每一關卡只有一人服務，這些服務人員有的嚴格，有的鬆懈，接受檢驗的人要靠自己的運氣，輪到我時，那個留着滿嘴鬍鬚的阿拉伯人，將我的護照僅看了一眼，我便輕易過了關。辦好入境手續後，並不就此輕鬆，必須快步跑去找行李，已有許多旅客圍站在行李輸送帶（恕我杜撰這個名字，每個機場大厦處理行李的一般作業方式）旁邊，輸送帶一直往前轉動，我目不轉睛注視着，眼見一件又一件行李送過來，都有人提走了，就是沒有我的，人都散了，行李輸送完了，此時輸送帶突然停止，「沒有了，沒有了」，有人大聲說沒有行李了，可是我的行李呢？同伴們都提着自己的箱子，走到那邊接受檢查，要通過另外一關，只我一人呆站着乾着急，這時有人跑來說輸送帶臨時發生故障，還有行李沒有送出，想着也許就是我的，無可奈何，只好耐着性子等，還好僅三分鐘後，輸送帶恢復轉動，我的行李果然出現了，白虛驚一場。

旅遊專車早在大厦門外等候，我是最後一個上車的，從機場駛往市區，大約四十多分鐘，從車窗往外望去，只見公路兩旁，房舍稀落，曠野中似乎沒有什麼綠色，讀中東地理，知道埃及境內只靠一條尼羅河灌溉，這條河流是埃及的心臟，只有沿河兩岸的農地水利，給埃及人帶來少量糧食收穫，埃及人民的生活，數千年來沒有多少改進，沿途一眼望去，處處是陡峻的巉岩峭壁，黃沙滾滾，村屋也是矮小簡陋，孩童們在烈日下赤腳奔跑。間有小叢植物，從沙漠及岩石中冒出，卻顯得瘦弱乾枯，顯然缺乏水分營養。

旅遊專車愈往前進，景色也隨着改變，開始出現大幅廣告路牌，彩色鮮麗奪目，往來的車輛也愈來愈多，隨車的導遊員說：「開羅到了」。車子駛入市區後，頓時置身於人車擁塞的熱鬧大街，也許是個人的直覺，我覺得開羅街上的交通相當紊亂，我幾次目覩在擁擠的車陣中，有人匆匆地跑步過街，沒有看到讓人們步行的斑馬線，行人只在車縫中亂鑽過去。街道寬敞，到處有安全島，街旁路樹不多，雖有豪華高大的洋樓巨厦，看來顯得光禿單調，缺乏花木陪襯，卻是滿眼陽光，房舍街石和人行道，被蒸晒得似乎要燃燒起來。

朝聖團在此停留兩夜一整天，另帶兩個半天，即抵達與離去各佔半天，住宿假日旅館。在一家中國餐館用餐時，遇見了一位山東籍老者，也是餐館主人，他說來此開餐館已三十餘年，大陸陷共時，隻身率妻兒逃離鐵幕，中間經過一段艱苦奮鬪，現在子女都已長大成人，卻沒有人願意繼承衣缽，紛紛前往歐洲及美國求學及就業，都有很好的成就，他夫婦二人合力維持這個餐館，他年已七十餘，很想出讓他人，都因雙方條件不合而作罷。夫婦二人招待熱誠慇懃，對我們態度親切，頗有中國俗諺：「親不親，故鄉人」的古風。

聖城耶路撒冷

七月十五日下午二時半，我們的旅遊巴士從開羅抵達以色列國境，埃及的旅遊車、司機及導遊員，在此跟我們道別，另換乘以色列的巴士。進入以色列境後，一路上景色怡人，林木青葱，較之埃及的沙漠光禿好得多了。在車上我將從埃及帶來的一瓶自來水倒在以色列的土地上，另換裝一瓶以色列的礦泉水，因爲，聽說此地的礦泉水又豐富又便宜，僅美金一元可買一大瓶，足够個人一日之用且味道清純可口，後來證實果然不錯。

我們乘坐的巨型旅遊巴士是屬於以色列一家規模最大的觀光旅遊公司的，車廂寬敞，座位舒適，兩旁是潔白的綢質窗帘，我的座位緊靠窗口，一路觀賞風景，十分愜意。爲了節省時間，我們沒有下車找餐館進午餐，旅遊公司特爲大家準備了飯盒，是前一天預定好的，內容相當豐富，有煎鷄蛋、炸鷄腿、火腿、麵包、蛋糕及酸菜之外，更有水果，實在太多，我們吃不完，有人留着餓時再吃，可是天氣太熱，很快就變味了，我自忖食量小，剩下的都退了回去。

車子先經過海法及特拉維夫兩個城市，第一次看到以色列國旗，仔細觀察好久，始終不知道其意義何在，國旗兩端爲黑色，中間一個六角星形，圖案設計簡單樸素，據說六角星形稱爲「大衞之星」。以色列爲第二次世界大戰後一個新興的國家，猶太人不失爲一支優秀民族，處處可見一片新氣象，尤其是首都特拉維夫，更是全部現代化，他們利用新的科技知識，銳意革新，力求進步，其市容之整潔新穎，街上行人的時髦服飾，實不比後來我們所到過的巴黎及羅馬等歐洲名城遜色。

我們當天的目的地是聖城耶路撒冷，此一舉世聞名的中東宗教發祥地，是朝聖團要去參拜瞻仰的聖地，專車一直開到舊城（耶路撒冷的新城是以色列人後來新建的）的城牆腳下，不能再前進了，因爲舊城的街道太狹窄，不能行車。下得車來，大家抬眼一望，展現在眼前的，竟然是個百分之百的石頭城，原來耶路撒冷的四周，童山濯濯，全是巉巖峭壁，遍地石頭，也許是就地取材，所有建築物都是石頭的，既經濟又方便。舊城是建於十六世紀時，在土耳其人所興建的城牆之內，現在城內猶太人極少，幾乎全是阿拉伯人的天下。「耶路撒冷」的意義原是「和平」，是以色列人認爲十分神聖的地方，他們和基督徒都將此地看成是他們朝聖之地，現在全世界的天主教徒，都來到這個耶穌的故鄉，追念耶穌的生平事蹟，參拜偉大莊嚴的聖殿。

這個屬亞熱帶氣候的聖城耶路撒冷，一年中只有夏、冬二季，自十月、十一月至四、五月間是多季，也是雨季，但雨量極少，僅以西部靠近地中海的平原地帶降雨較多，由四、五月到十、十一月間爲夏季，也是乾季，在此乾季的幾個月中，根本不下雨，天氣乾燥炎熱，卻也是全世界信徒們前來朝聖最適宜的季節。

我們在此停留達一星期之久，因爲需要參拜瞻仰的教堂和聖殿太多，最主要的如聖墓大殿、基督的聖墓、聖殿廢墟、鷄鳴堂、聖母安眠大殿及聖母升天大殿等。每天清晨起床第一件事，就是整理行李，因爲昨晚睡得太晚，遊罷歸來，一回房便洗澡更衣，倒上床後卽沉沉入睡，在外面參觀遊覽一整天，身心疲倦已極，再也沒有餘力做什麼了。這裏淸晨涼風習習，太陽尚未昇起，我推開窗戶，偶然有一兩隻鴿子飛來，停在窗檻上，對人毫不畏怯，可惜我沒有時間欣賞這可愛的小動物，必須趕着收拾昨晚換洗的衣物，此地氣候乾燥，所洗的內衣褲手帕等物，過一晚就乾了。又要準備在一天旅程中所需要的筆記簿、原子筆、傘、帽子、手提袋及水壺等，匆匆下樓進早餐，然後又匆匆隨隊出發。因爲耶路撒冷舊城內的街道狹窄，任何現代的交通工具都不能進入行駛，因此我們必須步行前往。街道兩旁的店舖，大都是出售紀念品，此地旣是聖城，出售的紀念品都叫聖物，有銅的、塑膠的、不銹鋼的及磁的，更有各種男女聖衣，供人選購。每一件聖物上都刻着耶穌、聖母瑪利亞及其他聖經上所記載的聖徒使者等人物，即使像指頭般大小的聖物上也不例外，一對小巧玲瓏的耳環，也刻成小小聖嬰（聖母瑪利亞的嬰孩）的模樣。各店舖都是生意興隆，來自世界各地的朝聖者，不遠千里萬里迢迢前來，選購幾樣聖物留作紀念，原是人之常情，我的同伴們也無不大買特買，反正價格也不貴。以色列的幣值跟臺灣極接近，美金一元只兌換以色列幣四一元，美鈔通行無阻，且受歡迎。各紀念品店門面都不算大，更無任何豪華的橱窗設計，店內一長條櫃檯，各物都擺在櫃檯上，任人挑選，大都只有一至二個店員照顧接待，遇到一批觀光客湧至，店員往往手足無措，忙於應付，有些顧客各自按照標價的，將錢丟在櫃檯上走了。我和同伴在一家店內挑選十多件精致的首飾聖物，有的沒有標價，不知如何付款，等了一會，沒有人來算賬，只好不買、丟下走了。每天傍晚遊罷歸來，晚餐桌上大家紛紛從手袋裏取出選購的紀念品互相品評，觀摩一番，算是辛苦奔波一天後另一種的收穫。

八、金字塔下及其他

金字塔下

抬頭望去，彷彿一個歷史巨人，赫然峙立眼前，黃金般閃爍的陽光，幾乎令人睜不開眼。那高聳入雲的塔尖，眞像是巨人頭上的金冠，一副傲氣凌人的威勢，說它是權威的象徵，是古埃及文明的驕傲，都可以，它確實已在漫長的人類歷史軌道上，跨著穩定的腳步走過來了，如今面對它的渾身塵土和滄桑，使你不得不接受，不得不在它蒼老的眼神下俯首沉思。想想遠在西元前四千年，埃及人就在這炎熱乾燥的沙漠中建國，在二千五百年前，文化即已燦然煥發，中間雖經過幾度異族侵入，被羅馬人和拿破崙的鐵蹄所蹂躪，多少埃及子民爲保衞國土而肝腦塗地，熱血染紅了沙漠，尼羅河也必發出悲壯的怒吼，但巍然高聳的金字塔，仍屹立無恙，人間多少得失成敗，多少悲歡離合，以及埃及歷史上炫耀一時的傾城艷后的風流韻事等等，都早已消失於滾滾黃沙之中，而這由一塊塊巨石堆砌和千萬人的血汗凝聚而成的金字塔，如今仍在燦爛的陽光下，閃閃發亮，象徵着數千年來人類智慧與理想的結晶，不得不令人嘆服。

仔細看去，金字塔周身成三角形，底座呈四方形，眼睛隨着塔身往上移去，愈高愈小，呈錐形上昇，每塊長方形巨石，呈麻褐色，石面粗糙，近看並不覺得美觀，據資料顯示，塔底的每一邊卽長達二四八公尺，全塔所用石塊達二百多萬方，費人工十萬以上，一座塔要花三十年功夫才能建成，其中所耗費的人力、物力和財力，恐怕誰也計算不出來了。金字塔本是古代埃及帝王的陵寢，塔底卽埋葬埃及歷代帝王及皇室人員的骸骨，據說墓穴全用石塊造成，由於中東氣候炎熱，連棺材也用石塊，可保屍體不易腐爛，有名的木乃伊，也置放在石棺中。如今埃及人將此蔚爲世界奇觀的金字塔，全部開放，作爲觀光重點，用以招徠世界各國人士一飽眼福，並滿足其好奇心。

回過頭來，一個身披長袍的阿拉伯人，正向我們笑嘻嘻地走近，用英語問要不要騎他的駱駝，一塊美金一次，坐在駱駝背上照相或繞走一圈，最多不過兩分鐘。他手中牽著繩子，只輕輕一拉，駱駝就過來了，經過職業訓練的，在主人的吆喝下，四腳一蹲，乖乖地伏倒在地上，讓人騎坐，同伴們中膽子大的，眞的坐了上去，也拍了照片。

穿流不息的阿拉伯人，在人羣中兜攬生意，除騎駱駝外，也有推銷紀念品的小販，人前人後跟著叫賣，但態度斯文和藹，並不討厭。從世界各地湧來的觀光客，冒著猛烈的太陽，在金字塔的周圍，逡巡留連，大家的眼睛爲這一歷史奇蹟所吸引，拚命仰起頭來，渴想一覩那高聳雲霄的尖頂，眼睛爲陽光刺痛，脖子也酸了，仍捨不得離去，拿起相機大拍，希望留下一些珍貴的鏡頭。

年輕的阿拉伯男女，大都拋棄了他們的傳統服飾，男孩們梳時髦的西式燙髮，寬大的汗衫，緊身的牛仔褲，女郎們的齊膝短裙，披肩的長髮，頸間垂著長長的項鍊，風姿綽約，在開羅街頭也看到這種新潮女郎，爲數雖然不多，但跟一般將全身上下密密地裹在長袍中的埃及婦女，大爲不同，因此有人說這個古老的金字塔民族，是古典與浪漫，兼容並蓄，這話大致不錯。據說現在的埃及人熱衷出國旅遊，歐洲各國的現代文明，是他們追求和嚮往的目標，看來這個重視傳統和保守的中東古國，已開始走向現代，不再受古老威嚴的金字塔文化所束縛了。

倫敦老人

在這裡你也許更能看到倫敦的眞面貌，窄窄的街道，灰褐色大石板鋪着路面，人們的腳步走在上面，發出聲聲脆響，這聲音聽來有份寂寞的感覺，彷彿經過了漫長的時光隧道，帶來一些古老的，不知道什麼年代的東西，有一種說不出來的淒涼味道。

我是第一次來倫敦，當然我的同伴們都是第一次來，可是我卻不能像他們那樣輕鬆灑脫，在街上邊走邊談笑自若，東瞧瞧，西看看，彷彿覺得「也沒有什麼啊，還不都是差不多。」的確是的，我們此行已經到過了開羅、雅典、羅馬、巴黎和馬德里等大都市，那些熱鬧繁華的通衢大街，豪華高聳的建築物，霓虹燈輝煌絢爛的夜市，一眼望去是差不多，可是此刻置身在這老舊的僻處倫敦一隅的露天市場，卻有一點什麼特別的東西吸引了我，其實這裡也擁擠着行人、攤販、菓菜場和玩魔術雜耍的賣藝人等，和一般的市場沒有什麼差別，可是我的一雙腳卻釘住在這裡，久久沒有移動。這裡是一個偏僻小小的角落，陽光還沒有照射過來，在一片幽暗中，一個微駝的老人背影，正對着我，灰黑色寬大的短外衣，頭上一頂棕色舊呢鴨舌帽、灰布長褲，站在一架褐紅色木製的舊式風琴前面，這種風琴是我生平第一次看到，不用腳踏，而是用手搖的，老人正伸出右手在搖着，瘦長乾癟的手指，手背佈滿青筋和黑斑，一陣青泉般的樂音流出，雖然有點單調，仍然悠揚悅耳。我站在他的背後聽了一會，他忽然回轉頭來，臉上似乎立刻掠過一絲驚訝，彷彿在說：「啊！原來有人在聽！」這神情多麼無奈、多麼悲涼，他默默無語，只有一絲微笑，卻比千言萬語更多，也更深沉，時光早已無情地跨了過去，老人遲緩的腳步是追不上的，環顧附近四周，沒有什麼人在這裡停留，在緊張忙碌的現代生活中，人們追求的是急促和熱鬧，音樂也講求搖滾和熱門，誰會欣賞從老人手上搖出來早已過時的輕音慢調？偶然有人在此佇足，想來也是懷着一分好奇，看看老人皺縮的臉上，究竟留下了多少時間的痕跡。我們是剛經過白金漢宮的，想起正走向沒落命運的大英帝國，豈不跟這賣藝老人落寞的神情相似？

賭城夜色

是一片燦爛的燈火，紅、藍、綠、紫，將馬路、人行道和兩旁的店舖民房，照耀得幻麗透明，有不夜城之稱的賭城里諾，是美國內華達州境內，除掉著名的拉斯維加斯外，第二大銷金窟。我第一次來美國，就跟女兒來玩過一次，這是第二次了，兩次都在晚上，每次都給我很大的感觸。車子一駛入里諾街上，人就像跌入海裡，是廣告霓虹燈、流水般的車輛和行人所組成的海。據說每個周末，從全國各地湧來的賭客，成千上萬，從每星期五傍晚時起，在里諾機場降落的飛機，一架接一架地絡繹不絕，開汽車來的更不計其數。市區內白天顯得冷清，夜生活是賭城的特色，沿着街邊走去，一家接着一家的賭場，雜在中間的少數店舖，也是爲賭場而設的，咖啡店、冷飲店、速食店及餐館等。每家賭場的前門，站着穿紅色制服的侍者，賭客的車子剛停下，侍者即趨前幫着開車門，並遞給一個號碼牌，以便賭後出場時憑牌領車，同時立即有人將車駛往車場去。

跨入賭場內，即使僅止於觀光遊逛，心情也不會平靜自在，抬眼望去，一排排吃角子老虎，名符其實地在向你張牙舞爪，那份強大的誘惑力，是很難使人抗拒得了的。咔嚓！咔嚓！是賭客們搖機器的聲音，像海浪般從四方八面湧來，沒有停息。各人擁有一部機器，就是擁有一個世界，個人的喜怒哀樂，輸贏得失，全靠手氣，將五角或一元的硬幣投入，數目雖小，老虎的慾壑卻難塡，爲之傾家蕩產的大有人在。賭廿一點和賭輪盤的，同樣使人沉迷。裸臂露腿的年輕女侍、兌換零錢的服務生，穿梭在賭客之間。成千上萬的賭客，有成千上萬不同的神色和心態，目標卻祇有個，就是追求永不滿足的財富和享受。

同伴中也有人試過運氣，但僅淺嚐卽止，女兒問我要不要試試，我搖搖頭，沒有興趣，在這五光十色的人性展示場中，僅作壁上觀還來不及，還是留點閒情，儘量觀賞一番吧。

跨出賭場，夜色已深，街頭的燈火雖仍璀燦似錦，行人卻已稀疏，夜歸的車輛悄然駛過，帶走了一些渾身疲憊的賭客，留下的仍然繼續做着虛幻頹廢的繁華夢。

九、死海的傳奇

當旅遊專車在以色列的高速公路上，疾速地往前駛去的時候，著名的中東猛烈的秋陽，像一層層金色的波浪，淹沒了公路兩旁的曠野和山谷。一眼望去，幾乎盡是白色的石塊和矮小的草叢，連飛鳥都看不到一隻。車內也熱得似乎快要迸出火焰，大家懷疑空氣調節失靈了，一齊嚷着「熱啊！熱啊！」導遊員從擴音器中說話了：

「請各位忍耐一點；現在我們快要到死海了，這是地球上最低的地方，……」

大家的精神爲之一振，每個人盡量將視線投向窗外，這是世界上唯一低於水平線下四百多公尺的內陸名湖——死海，不知道將以怎樣一副面貌來迎接我們。我緊靠窗口，忍着從窗縫灌進的絲絲熱浪，隔着玻璃，極目望去，越過無邊無際的荒漠丘陵，眼前驀地閃現一片綠波，簡直令人驚喜莫名。導遊員忽然播出：「死海到了！」眞難以置信，車子竟然到了死海的邊緣，停了，導遊員招呼大家下車。我心目中的死海只有荒涼、寂寞和灰暗，不料呈現眼前的，竟是一片波光瀲灩，銀輝閃爍。

廣場上停了不少大小車輛，跟我們同時到達的就有二輛巨型遊覽車，大概人們都懷着一分好奇，從世界各個角落，萬里迢迢前來觀賞此一擧世聞名的死海。我們下了車，腳下的泥土發燙，後悔早晨不該換穿一雙薄底皮鞋，迎面撲來的滾熱的海風，帶來濃烈的鹹味。我們跟着導遊往海邊走去，同伴們中有愛游泳的，換上泳裝入水。游水的人很多，男女都有，導遊員一再告訴大家，戲水可以，絕不可以口喝，口舌和喉嚨會受不住鹹水的刺激，甚至傷損到皮肉。據資料顯示，死海的水含有多種化學性礦物質，鹽分比普通海水所含的多了九倍，是全世界最鹹的海水，幾乎有百分之廿五的鹽分，所以聖經上稱之爲鹽海。我們不曾入水的，赤了腳沿着海邊漫步，海邊的水很淺，到處是大小石塊，大家爲了留作紀念，紛紛拾起石塊裝入手袋中。海邊有好幾處特闢的游泳場，有公營也有民營的，游泳的人需付美金一元，並附設自來水龍頭，又有泳衣可出租；但也有不收任何費用的游泳場。下水的人，都有一種奇特的感受，就是毫不費力，身體永遠浮着，不致下沉。據說死海的水，由於含有一種特殊的礦物質，可以治療皮膚病，而且不管有多少國籍和種族不同的人入水，都不會傳染上任何的疾病。

資料告訴我們，死海位於以色列的東南方，水面低於地中海的水平線約三九二公尺，一說四百多公尺，約旦河的水由北方不斷地流入，不論每天流入多少，可是死海卻永遠保持着原有的水量，原因是由於此地陽光強烈，蒸發力強，因此流入的水不斷地被蒸發而消失，這是其他任何海洋或湖泊所沒有的現象。死海全部面積約有九百餘平方公里，全長約八十五公里，寬十五公里，水深達四百公尺，跨越以色列和約旦王國兩國的邊界。普通的海水一百公斤可晒出四公斤鹽，但死海的水每百公斤可晒出卅五公斤之多，其鹽分濃度之高，可以想見。至於死海的名稱就是由於它的水流沒有出路，鹽分的百分比特別高，除掉少數藻類植物飄浮水面外，其他任何水族動物都不能生存，是個名實相符的「死」海，可是，你能相信嗎？海中儘管一片死寂，海邊卻是繁華鬧熱，來自世界各地的觀光客，將這死海的岸灘，點綴成一個彩色繽紛，令人神迷目眩的世界，我們置身在成羣結隊的男女遊客中，不得不慨嘆現代文明征服大自然的威力，海岸上原來綠樹紅花、清幽無限的美麗風光，完全被喧囂和塵俗破壞了。穿比基尼泳裝的女郎們，嘴嚼口香糖，腰肢亂擺，在人羣中往來穿梭，一些赤膊短褲的粗漢，跟在女郎的後面追逐嬉笑，肥胖臃腫的白種婦女，袒胸露背，搬動一雙胖腿，三五結伴，徘徊在淺水中談笑自若。遊覽巴士威風八面地一輛接着一輛趕來，據說那天正是以色列人度假的日子，這就難怪遊客如潮了。

死海的傳奇不在這些，而在它擁有一個具相當規模的博物館，是以色列政府設立的另一吸引觀光客的地方。我們在「死海博物館」中發現在若干萬年以前的死海並不是「死」的，在館中陳列的一個長方形玻璃櫃裡，赫然發現有魚、貝類、螺、蚌等以及其他許多不知名的水產動物的遺骸。除此之外，更有陶器如瓶、罐及其他人類的日常生活用品，都是從死海中撈起來的，原來死海曾是人類及其他動物生存過的地方。

我們離開海邊，車子沿着一條寬敞的柏油馬路前進，約在距離三百公尺的地方，停車後，大家前往參觀一處有名的古蹟「谷木蘭廢墟」，只見許多早被廢棄的岩洞，叫「宮蘭窟」，是公元前二世紀時，一批稱爲厄色尼的人所遺留的。當這批人居住此地時，經歷了許多世事滄桑，天災人禍，歷史上有若干記載，如今遺下這些大小洞窟，只剩下一堆堆灰色的石塊，供後人憑弔，一片荒蕪、死寂，令人懷疑曾是人類居住的地方了。

在另一處以色列國家博物館中，我們又看到不少手抄的羊皮書卷，稱爲「死海殘卷」，資料記載，許多歷史事跡都記載在這些書卷中，其中尤以「依撒意亞」先知書爲最珍貴，也最完整，其餘大都已經殘缺不全，字跡也難以辨認。這些書卷是在一九四七年春天，由一個牧羊人在無意間發現，其後引起許多聖經學者及考古學家的注意和興趣，並予以認定和重視，認爲是以色列先民們留下的文化寶藏，因此以色列政府視之爲國家瑰寶，在國家博物館中特闢一間地下室，仿照先民們當年儲藏羊皮書卷的陶器罐子的形狀，只是將體積放大數倍而已，這長約七公尺的手抄羊皮卷就陳列其中，外加一個圓形的玻璃橱，予以保護。現在我們面對這些以色列人古老的文化珍品，仍然覺得光輝耀目，他們先民留下如此豐富的思想和智慧的結晶，未嘗不是他們的光榮和驕傲，引爲遺憾的是我們看不懂那些古老文字，有如空對一席豐美的盛筵，而不能品嚐。

十、阿拉伯婦女

我在這次中東之行中，留下深刻印象的，不是舉世聞名的埃及金字塔，也不是中東的宗教發祥地耶路撒冷，而是一個阿拉伯婦人，可別笑我目光如豆，識見淺陋，對這個阿拉伯婦人我有一份特殊的感情，且讓我慢慢道來。

七月十三日朝聖團在曼谷機場候機飛往埃京開羅的那天，在候機室熙來攘往的旅客中，我特別注意到坐在我對面一排座椅上一個服裝奇異的婦人，生平只在電影或電視節目中見到過，她一身白色的寬袖長袍，頭頂上是一塊寬大的頭巾，長袍一直垂到腳跟，頭巾蓋住了整個頭部，只剩下一部份臉孔和一雙眼睛，深陷的眼眶內，兩顆漆黑閃亮的大眼珠，彷彿一口深沉幽邃的古井，使人無法猜透其中的神秘。因爲自己生平最愛小孩，不管識與不識，也不分種族國界，凡是小孩我都喜歡，認爲世界上最天眞純潔、善良可愛的動物，就是小孩。使我首先發生興趣的，也就是那幾個阿拉伯小孩，男孩大約三歲，兩個女孩也僅五或六歲左右，他們在大人身邊跑來跑去，互相追逐嬉戲，忽然那個三歲的男孩跌倒地上，我本能地急步上前，將他一把抱起來，男孩一點也不怯生，反而露出幾顆白細的乳齒對我笑起來，眞太可愛了。我立卽從旅行袋裏取出幾粒糖果塞給他，不料恰被那個婦人看到了，她立刻起身跑過來，一連聲用英語說：「謝謝！謝謝！」「他是你的兒子嗎？」我順口問一聲，她點點頭，懂得英語，我一時高興，讓她接過孩子，就在她身旁的空椅上坐下來，由於雙方的英語表達能力都不算好，藉臉部表情及手勢幫助溝通意見，卻也聊了起來，知道她是阿拉伯人，家住埃及南部的一個小城，丈夫經商，經常往來於泰國及開羅之間，這次她是隨丈夫出來渡假，在曼谷住了一個多月，夫妻二人携帶三個孩子，現在一同返回埃及去。當她告訴我這些的時候，一個身材高大，全身阿拉伯服裝的中年男人向我們走來，一張醬褐色的長臉，濃密的兜腮短髭，深陷的黑眼珠，高聳的鼻樑，「我的丈夫來了」，這個阿拉伯婦人對我說，恰好此時我的同伴們對我招手，知道是登機的時刻到了，我便跟婦人揮一揮手走開了。

這個阿拉伯婦人的面容神情，使我留下了深刻的印象，想起我國古人所說：「相逢何必曾相識」的話，這個素昧平生、萍水相逢的陌生女子，今生今世我們再也不會相逢，她臉上所表露的母愛的慈祥、溫和的微笑，以及親切友善的談吐，都在我心目中，永遠不會消退，人生的際遇就是如此奇妙和不可思議。

後來埃及航空公司班機在開羅降落，我們從機場到市區，抬眼望去，到處都是長袍曳地的阿拉伯婦女，在酷烈的太陽下，無論城市鄉村，大街小巷所見到的，沒有一個撐傘的女子（其實阿拉伯男人也如此），有的懷抱嬰孩，有的頭頂盆筐，有的手提重物，在烈陽下來去自如。埃及氣候乾燥炎熱，一年四季極少降雨，在村道上還偶然看到頭頂水瓶到井邊汲水的婦人，我想也許世界上最能吃苦耐勞、忍受生活煎熬的人莫過於中東的阿拉伯婦女了，她們未必情願忍受烈日蒸晒之苦，而是根本空不出手來撐傘啊！

我們在七月十三日抵達開羅，十五日下午離去，在這三天中，到處參觀遊覽，在人潮洶湧的大街上，我多麼渴望能夠再見到那個阿拉伯婦人跟她的三個孩子，人海茫茫中，可惜再也無法重逢了。

十一、雅典一宿

七月廿五日清晨四時，床頭的電話鈴響了，是旅館服務生叫我們起床，睡意正濃，也只得勉強揉着惺忪的睡眼爬起來了，昨夜導遊員對大家說過，今天要乘七點半的飛機前往雅典。

在清晨涼風習習中，離開以色列京都特拉維夫（以色列在總理比金領導下，曾於一九六七年佔領全部耶路撒冷，並宣告將首都移此，但不爲國際間所承認）。登上旅遊巴士駛往機場，雖然七點鐘不到，但機場上人頭鑽動，出入旅客衆多，特拉維夫國際機場規模宏偉，抬眼望去，可說是個世界人種展覽場，有印度人，阿拉伯人，白人，黑人和來自東方的黃種人我們，日本人也不少。準七時半，大家乘機場專用巴士前往登機，是一架義大利民航客機，天氣晴朗，飛行平穩，僅兩小時後就在雅典機場降落。

我們住進一家假日旅館，是一幢七層洋樓的觀光旅館，入內後客廳寬敞，所有的沙發椅上都坐滿旅客，也是一批剛到的觀光客，行李堆在一旁空地上，在此觀光旺季，這家旅館的生意顯然不錯。我拿到房間的鑰匙後，坐電梯上三樓，進入三一五號房間，一列朝南的大玻璃窗，正對一條熱鬧大街，憑窗遠眺，只見街上人車熙攘，兩旁店舖林立，看來此一歷史悠久的文明古都，似乎跟別的城市沒有什麼獨特之處。

午飯後，大夥卽乘車外出遊覽，一路上陽光燦爛，街市風光明媚，到處是花木扶疏，路樹青葱，經過憲法廣場，高大壯麗的建築物，此爲當今希臘政治中心地，據說爲世所矚目的第一屆奧林匹克運動會，卽在雅典擧行，時在一八九六年，當時這一歷史名城的風光，可以想見。

十九世紀所留下的古老皇宮，現在已改爲別墅，現在希臘已實行民主政治，也許爲了保護古蹟，門前仍設有站崗的衞兵，一般人並不能隨便進入，又一說，是爲了維護皇室殘餘的威嚴，仍設立衞兵守護，這說法大概可信，只看這兩位全副戎裝，頭戴高頂禮帽，身着紅色制服的衞士，挺胸直立，神情和態度的莊嚴肅穆，連眼珠也不轉動一下，跟我們後來在倫敦白金漢宮門前所見的英國女王的衞隊，完全一樣，同伴們拿起相機，對着他們拍照，也有跑上前跟他們挨肩併立拍照留念的，一時相機咔嚓之聲，此起彼落，而兩位衞士有如木彫泥塑，絲毫不爲所動。

參觀古希臘的舊城遺址，據說這是紀元前二千年的時候，早期的希臘移民所建造，城牆全部由石塊堆疊而成，當時的建築材料及建築技術和知識，都遠不及現在，但看來結構雄偉壯觀，後來雖然經過重建與整修，但現在所存留的大部份，仍然可以看出古代希臘文明的光輝痕跡。

我們站在城牆的一角，置身於此一歷史名城的廢墟間，對人世滄桑，不無感慨。露天劇場是古代希臘人另一偉大的建築，如今雖然已敗壞傾毀，但其原有的宏偉規模和精巧設計，仍可想見希臘古代藝術家們的創造才華和想像力的豐富。資料上說，劇院可容納觀衆一萬五千人之譜，前排爲朝廷大臣，貴族及教士們的特別包廂，全部由精美的大理石建造，中排是僧侶們的座席，原來的座位是木質的，直到公元前四世紀開始，纔改爲石造，其間還經過多次的重建整修。另一音樂臺，位於舞臺廳座的前面，呈圓形，可容納聽衆五千人，據說現在每逢夏季，仍舉行音樂演奏會，前來演奏的音樂家都是世界聞名的。

在欣賞也是憑吊拜占庭大帝國的興衰史蹟遺址時，西斜的太陽，正冉冉地向希臘的天空作最後一瞥，暮色四合，我們的遊興也漸消退，重登車回城，準備到此地相當有名的一家中國餐館去晚餐，這家中華大餐廳頗有中國氣氛，壁間懸掛中國山水畫及精美宮燈，男主人張君在國內大學畢業，攻哲學，來此已十四年，早已成家，並有了子女，無論家庭及事業都有了很好的基礎，他聽說我曾在該大學任教，立卽近前跟我握手致意。我們三十餘人分坐兩桌，他在兩桌之間往來走動，告訴我們許多事情，十分健談。他說今天看到我們，有如他鄉遇故知一樣溫暖親切。

我們問他此地一般僑胞的情形，承告在雅典僅有華僑九家，共二十餘人，都有相當的經濟基礎，而且安居樂業。在希臘與我國斷交而改與中共建交後，我們的農耕隊立卽主動撤退回國，希臘人民大表失望，中共卽派一支由福建人組成的農耕隊前來，幫助希臘人種稻，也許是中共怕農耕隊員留此太久，跟當地人民建立友情，所以過一段時日卽將這批福建人撤走，另派一支廣東的農耕隊來接替，也許將來又會被撤走，另派其他的農耕隊來，可是希臘農民仍然念念不忘臺灣的農耕隊，他們為了懷舊，便將他們現在的食米叫做臺灣福建廣東米，聽來滑稽有趣，也表示他們沒有忘記臺灣的農耕隊員。

一般雅典人喜過夜生活，他們的午睡時間很長，據張君說本地人下午不工作，進晚餐的時間約在午後八點到深夜二點，而且最愛吃中國菜，所以他的餐館上午不開門，生意最忙的時刻是晚間，許多當地有名望地位的希臘人，都是他餐館的常客。當晚我們吃的中國菜，的確色香味俱全，其中一盤豆瓣醬紅燒魚，對嗜辣味的同伴們，更是讚不絕口，其他像糖醋排骨及素炒白菜等都是我們在別的中國餐館難得嚐到的美食。張君年輕有為，能在海外單槍匹馬創下一番事業，大家都為他慶幸。

晚飯後已是萬家燈火時分，大家相約逛街，到處是人車如織，人行道上年輕男女，儷影雙雙。我們既不識路，只好信步而行，來到一處廣場，只見人潮洶湧，打聽之下才知道這是國會廣場，正懷疑大家在圍觀什麼，忽聽有人大喊：「來了！來了！」人羣立即自動向兩邊走避，形成兩堵人牆，只見兩排三人一行的武裝衞士共六人，紅衣紅帽，手持長槍，腳下的長統皮靴踏得閣閣作響，在燈光下顯得莊嚴威武，行進時四肢作機械式動作，伸腿踢足，六人整齊劃一，有如木偶遊戲，其滑稽有趣，生平僅見，引起圍觀者哄然大笑，而且笑聲不絕，整個廣場歡聲雷動，據說衞士們每晚換崗，都能吸引成千上萬的圍觀者。雅典不失為一個不夜城，街邊到處是攤販，出售各種紀念品，觀光客趨之若鶩。

在一露天遊樂場所，有艷裝男女在跳舞，兩人對舞，也有數人同舞的，有銅鼓及手風琴伴奏，這種街頭藝人的舞藝與音樂，是否承襲著數千年前希臘神話中的流風餘韻，就不得而知了。

在我們的旅遊行程中，在雅典只有一宿之緣，當此深夜漫步在此一歷史名城的街頭時，對過去古希臘光輝燦爛的文化精神，仍然不免有一份嚮往之情，不知道目前滿街沉醉在夜生活歡樂中的希臘人，對他們逐漸褪色的歷史文化，會有什麼感想？

十二、世界公園——瑞士行

從米蘭到琉森

我們旅行團此次歐洲之行，能够安排到瑞士一遊，是大家引爲最興奮的一件事。

瑞士向來有世界公園的美稱，七月廿九日上午我們的旅遊專車從義大利米蘭出發，直駛瑞士琉森。琉森是瑞士中部的一個小城，人口僅有七萬多人，也是瑞士有名的觀光度假勝地。車子一路駛來，處處青山碧水，風光明媚，幾疑自己置身人間仙境。青葱蓊鬱的叢林間，平坦蒼翠的山坡上，只見一幢幢小木屋，露出紅頂白牆，有的只看到一個尖頂或一堵粉牆，卻是見不到一個人影。每幢房屋四周，都遍植各種花木，草地上也是朶朶嫩黃雛菊，大片大片舖滿山坡或草地上，我們從車窗口看得十分清楚，同伴們紛紛地取出相機，想攝下這美麗鏡頭，可惜車行甚速，目標不易瞄準。從資料上知道瑞士全境土地面積，有四萬二千平方公里，人口總數僅約六百萬，土地比我們臺灣多，而人口卻比我們少了三倍，可見他們的家庭計畫比我們實行得普遍而徹底。土地有四分之三是阿爾卑斯山山麓，而且全境是高山峻嶺，雖然可供耕種的土地不多，可是境內到處是湖泊和河流，據說全境有湖泊四十五處，河流四十條，如此得天獨厚的水利資源，凡是有梯田的地方，都可獲得充分的灌溉。我們沿途看去，公路兩旁不是高山及山坡，就是波光瀲灩的河流和湖泊，規劃得整齊劃一的梯田，到處都是。瑞士既是個著名的高山之國，人民也都愛山居，將房屋築在山上，所有山間的樹木叢叢簇簇，似乎經人工修飾過，顯得那麼整齊美觀，沒有發現枯枝敗葉，一律是茂密青翠，令人賞心悅目。

瑞士從一八一五年起，卽成爲永久中立國，數百年來沒有戰爭，雖然天然資源不足，缺乏礦產，卻在輕工業方面大力推展，全世界著名的鐘錶業，不知賺取了多少外滙，其他如乳酪及奶品加工，並首創將牛奶加入巧克力中，製成各種美食行銷世界。其他如機器、化學產品，以及刺繡毛織品等也都是外銷重要商品。因有廣袤的山坡地，牧草不虞匱乏，因此畜牧業十分發達，我們沿途往往看到成羣的牛羊，在綠色的山坡上徜徉覓食。由於長期的太平安定，因此瑞士也是世界上吸收資金最多的國家，除掉國外工商業界的大量存款外，各國富人的存款也很多。造成瑞士繁榮富足的另一因素，便是觀光事業的發達，瑞士的湖光山色之美，舉世聞名，世人無不以到此一遊，引爲生平快事。我們乘坐的巴士前後，都有巨型遊覽車行駛，有的超車擦身而過，這一車車滿載的觀光客，不知道替瑞士帶來了多少財富。

途中經過的山洞很多，而且洞身都相當長，洞內照明設備很好，霓虹燈照耀一片雪亮。由於通風良好，毫無沉悶的感覺。在長途旅遊中，坐在車上安然入夢是件再好不過的事，此時同伴們藉此養神睡覺的很多，我卻沒有；不是沒有睡意，而是捨不得放過眼前的大好風光。車子每一駛出洞口，一簇簇的鮮綠，迎面撲來，有時是一片盈盈湖水，天空是蔚藍的，湖水是碧綠的，湖上白帆點點，悠悠往來，有的湖中游着天鵝一兩隻，一身潔白如雪的羽毛，在碧波上徜徉自在。

我們只在琉森過境，即前往英格堡，途中在一小鎮下車休息十分多鐘，此地遠不及臺灣的小鎮，僅兩三家小店，住宅也僅十來家，小店中售冷飲、酒類及三明治點心等。店面雖小，僅有兩三個店員，卻是桌椅整潔，窗明几淨，三、五張圓桌，卻坐滿了臨時過境的旅客。店內熙來攘往，幾乎擠得水洩不通。旅客一批批湧到，我們只好買了可樂和冰淇淋等食物走到店外廣場上吃喝，其他旅客都是如此。在小鎮僅有的一條街上散步，只見每家的門前，一片嫣紅姹紫，窗檯上也擺滿綠意盎然的盆景，屋旁草地如茵，處處是電動灑水，各家門前沒有看到一個人影，連小孩都看不到。據說瑞士政府嚴格實行家庭計畫，控制人口增加，一路看來，只覺得地廣人稀，到處幽靜清潔，我想在瑞士人的字典中，絕沒有髒亂二字，使我們這羣來自臺灣的觀光客，確實羨慕不已。

阿爾卑斯山麓

汽車抵達英格堡後，即住進當地一家具相當規模的旅館，是我們出國半個月來所住最好的一家，大門外面兩旁都是鮮花綠葉的大花畦，枝葉茂密，色彩絢爛。半圓形自動大玻璃門開啓後，一路拾級而上，所有大理石階級上，舖滿花色鮮麗的厚地毯，一直延伸入內到大廳，這種豪華氣派很少見到。進入房間後，大玻璃窗幾佔有整個一面牆壁，憑窗遠眺，可以望到白雲皚皚的阿爾卑斯山峯頂，在藍色的天空下，顯得藍白界限分明，山峯直聳雲霄，異常壯觀。

經過一天長途汽車旅行後，身心都感疲倦，下午既是自由活動時間，同伴們大都留在房間內休息，同室閻小姐看父親去了，我獨自躺在寬大的床上，午後的陽光照映滿室，毫無睡意，索性出門看風景去。在走道間碰見一批黃面孔，本來以爲是日本人，一看行李標籤，纔知是自己的同胞，而且也是來自臺灣，彼此不經介紹，自然而然地交談起來：「你們剛到？」「是啊，你們呢？」「也是剛剛不久。」「你們有多少人？」「四十幾個。」「從那裡來？」「西德，你們呢？」「米蘭。」在這萬里之遙的異城，遇到從祖國來的同胞，不管識與不識，都有一份親切感。想想我復興基地臺灣自從政府開放出國觀光旅遊後，每年有幾十萬人到世界各地旅行，看着每個人，都是一身衣履光鮮，神情愉快，可見一般民間富裕，生活舒適，能有餘力從事旅遊活動，甚至携帶兒女，全家出遊的，不禁令人感到驕傲，也感到快慰。在國際人士面前，我們不必多費唇舌介紹臺灣怎樣繁榮富足，只須讓他們看看來自臺灣的觀光客就够了，比什麼文字宣傳都來得實在而有效。

我們在七點多鐘吃完晚飯後，太陽還沒有西落，飯後約伴出遊。英格堡只是瑞士中部一個小城，四周羣山環繞，人口不多，街道兩旁都是商店，此時多數已經打烊關門，僅有咖啡店及小吃店有營業，街上到處是遊客，一眼望去，只見一片奇花異草，小公園很多，路旁設有座椅，供人休息，我們走累了，就坐在街旁的椅上，看看往來的男女，川流不息。山腰和山麓，有許多色彩鮮麗的小木屋，掩映在叢叢綠樹之間，此時在夕陽照耀下，有如童話中的仙居，如夢似幻。此地好在交通特別發達，即使住在山上，也是家家有車，公路平坦寬濶，全是柏油路面，我們沿着一處公園旁的人行道走去，離開市區後，行人漸稀少，只有車輛駛過，沒有看到摩托車或自行車，除遊覽巴士外，所有交通工具，似乎只有各種色彩不同的小轎車，登山則有火車蜿蜒爬行。

英格堡是位於阿爾卑斯山麓的一個小城，喜愛登山賞雪的遊客，在此可乘登山火車上山，可惜領隊沒有安排我們登山的節目。據說此地登山的火車有一種特殊的設備，即使以四、五十度傾斜往山峯爬行，坐在車內卻像在平地行駛一樣，毫無傾前仰後的感覺。火車車廂有二、三節，每一節可坐乘客三十多人，每人都有舒適的座位。我們雖然沒有登山，領會一番那種奇特的享受，只有站在山麓，抬頭仰望，火車像一條爬蟲，緩緩地在叢山林木間上下。更有登山纜車，每頂纜車可容納五、六十人，遠望如小黑點，在空中越過一個又一個的山峯，雖然我們無緣乘坐，也可以想見那種「登高一覽衆山小」的感受。

夕陽西下後，小城燈火處處，人們仍然徜徉街頭，貪戀美麗幽靜的夜色。我和同伴漫步路旁，隱約聽到音樂聲，即循聲前往，穿過一處小公園，再越過一個十字路口，看到前面一處山坡下燈火通明，一支露天樂隊正在演奏，廣場上有四個樂手，吹小喇叭的，拉手風琴和擊銅鼓的，演奏得熱鬧又浪漫，吸引了不少聽衆，每奏完一曲報以熱烈的掌聲。在回旅館途中，穿過公園時，見花叢中裝有電燈照明，在燈光下看來，花朵更顯艷麗嬌美，想着瑞士人眞會利用花木來裝飾他們的國家。

十三、阿爾卑斯山下

山與湖

站在阿爾卑斯山腳下，眼睛所接觸到的，不是波光灩瀲的湖，就是葱蘢蓊鬱的山。在琉森這個瑞士的小城，市中心就有兩個風光明媚的湖，魯則龍湖與路易斯湖，躺在終年積雪不化的阿爾卑斯山麓，像兩面明澈晶瑩的鏡子，那山頂上一片晶瑩的白雪高峯，倒映在湖面上，眞是如幻似夢，一種虛無縹渺的美感，令人爲之神馳，幾疑置人間仙境。湖中有小巧輕盈如飛燕般的遊艇，在水面翩然掠過，遊艇不多，僅有寥寥三兩艘，我們站在湖岸，可以望見艇上的乘客，穿紅戴綠的年輕情侶，儷影雙雙，徜徉於碧波白浪中，輕舟過處，激起層層水波，在陽光下閃出千萬縷銀輝。潔白如銀的天鵝，成群地游過，成爲湖中另一種美妙的點綴，看來每一隻都肥壯碩大，有的三五隻，有的十餘或數十隻，結伴而游，據當地的導遊人員說，此地市政當局訂有保護禽鳥的法規，任何人不得隨意加以捕殺，如被發現有偸捕的，必加以重罰，這樣規定才能使這些美麗可愛的水上天鵝，能夠悠遊自在，不致遭受任何的侵害。在碧綠湖水中的這些天之驕子，宛如不食人間煙火的隱士仙客，過着超塵脫俗、無憂無慮的生活，令在岸上的萬千觀光客，欣羨不置。

抬頭望去，在羣山聳峙之間，有纜車緩緩穿逡而過，因爲太高，幾乎望不見鋼索的影子，只見到一輛又一輛的紅色車身，有時只能看到一黑色小點，像方形的小匣子，小到有如一隻蜻蜓。據說從世界各國湧到的觀光客，大都以一遊阿爾卑斯山峯頂爲快，纜車終日不斷，騰空往來，我們此行，未能安排乘纜車一登峯頂，大家都引爲憾事。

塔橋

琉森（Luzern）位於有名的商埠蘇黎世（Zurieh）之南約五十多公里，因爲市區內處處是湖泊及河流，故有水上都市之名。在一條洛絲河上，有一座別具風格的木橋，在橋上走過，有如行經古老的歷史隧道中，一種古色古香的中古時代風光，令人沈醉。橋身相當狹窄，中間形成一個九十度的彎曲度，橋頂是金黃色的琉璃瓦，在日光下閃閃發亮，橋身中間，造一八角形的白色水塔，共分三層，塔頂是歐洲中古時期最著名的建築藝術哥德式尖頂，橋兩旁遍植花木，因時當盛夏，一片繁花似錦，千紅萬紫，恍如置身花園中，像這種以鮮花裝飾的木橋，在我們此次歐洲之行中，還是第一次大開眼界。在橋上走過的觀光客，都是一邊踱方步，一邊欣賞，誰也捨不得放過這一大好奇景。在橋上踱完最後一步，即來到河邊的廣場上，成千上萬的鴿羣，像在歡迎遊客，看到生人，不但不逃避，反而大模大樣地迎上前來，纏在人們的腳前腳後，一步一趨地跟隨，有的甚至飛上你的肩膀、頭上或手腕上，玲瓏小巧的身子，頭不住地左右轉側，東看西看，嘴裡咕咕地唱着、訴着，像是多年的老友重逢，那份親切溫馨，令人從心底產生笑意。有人蹲在地上拋麵包屑，鴿子就在他掌中啄食，一下吸引來成羣結隊，落在他的頭上、背上和肩上，整個人幾乎淹沒在鴿羣的海中，旁人紛紛地爲他拍照，留下這個珍貴有趣的鏡頭。

入夜後，阿爾卑斯山下有另一番情調，旅行團寄居的旅舍，離開琉森市區約半小時車程，一個幽靜異常的小村鎮，不到百戶人家，所有的房屋都沿着山坡迤邐而上，朦朧的燈光，從窗口射出，月色甚美。

夜色

站在小鎮的街上，可以抬頭望見巍峩高聳的山峯，潔白的雪頂在月光下更顯閃亮璀璨，蔚爲一種奇特的景觀，山峯一個連着一個，在夜空中顯得異常險峻突兀，予人以逸世獨立的感覺，比白天看來更覺偉大奇特，似乎令人不敢逼視。山腳下卻是一片寧靜安謐，短短的一條街，有一兩家酒吧，客人不多，播出柔和輕盈的古典音樂，不但沒有製造噪音，反而增添一分雅趣，將山下的夜，烘托得更美更幽。

我們一行人都爲這異國的夜色所陶醉，相約再往前走，沿着一條狹窄的小巷。繼續探勝尋幽，兩旁的房屋一律二層洋樓，伸出的陽台上，擺着各式各樣的鮮花盆景，有的枝葉披落垂下，在晚風中搖曳，有的牆上爬滿長春藤，房屋也顯得老舊，古趣盎然。山下的居民也許習慣早睡，家家門窗緊閉，到處清靜異常，小巷中沒有碰到一個行人，只有我們的步履，在石板上踏出清晰的響聲。隨便走在那裡，只一抬頭，就可望見白雪皚皚的阿爾卑斯山峯頂。

十四、花情詩意兩名城

花城翡冷翠

我們的旅遊巴士從羅馬駛抵翡冷翠後，在一個街口下車，立卽置身於爲陽光花影所包圍的世界，舉目所及，在街頭巷尾，兩旁峙立的房舍，無論住宅及店舖的門前、窗口和陽台上，只見到處嫣紅姹紫，枝葉繽紛，有的盆栽，有的瓶插，而各家的門前，都有一塊小小花圃，鮮花綠葉，在燦爛的陽光下，顯得嬌豔欲滴，鮮麗無比，眞不失爲一個擧世聞名的花城。

翡冷翠英譯名弗羅倫斯，爲義大利西北部托斯卡納省首府，早在七百年前卽開始建築繁榮。當導遊員帶領我們走過大街時，可以看到一抹青葱的山脈，在城垣外矗立，更有風光明媚的阿諾河流經市區，古老的建築物有哥德式的大敎堂，巍峩高聳的鐘樓，雄偉的紀念牌坊，結構繁複、精美典雅的宮殿和別墅等等，外貌顯得古老陳舊，連灰白色呈方塊形的街石，都是古趣盎然，發人幽思，而且古得可愛。

在一處大教堂前，有兩扇叫「天堂之門」的銅門，每扇門上有鏤空浮雕，各分成廿八格，格中有框，浮雕藏在框內，所雕的人物及故事情節，都與宗教有關，人物的動作、衣飾及臉部表情，無一不逼眞逼肖，栩栩如生，據說其中一張門的雕刻，耗時九年，另一張耗時十一年，共計耗時達廿年之久，始告完成；不過兩張門的雕刻分別由兩位藝術家主持，其中一張爲十五世紀義大利最著名的雕刻家基伯第的傑作，這稀有的藝術，被世人目爲珍品，更是義大利人的國寶。

這座教堂爲有名的哥德式建築，在十五世紀建成，位於翡冷翠的市中心，人們觀賞雕刻精美細膩的銅門後，進入堂內時服裝必須整齊，否則會被看門人所拒，我親眼看到兩個衣着袒胸露背的時髦女士，被拒於門外。進入堂內，空間廣濶寬敞，天花板高得出奇，四壁都是色澤美麗的鑲嵌畫，這種特殊的藝術據說是義大利所特有，全部用人工做成，材料則有細石和玻璃片，既非繪畫，也不是雕刻，是用無數小石塊及碎玻璃所鑲嵌，畫面呈現出各種圖案，有人物、花卉、動物及房屋建築等，遠望極似浮雕，近看又像一幅彩色鮮麗的油畫，比油畫更好的是永不變色變舊，能保存長久。據說這種純由手工做成的鑲嵌藝術，是遠在希臘羅馬時代，由阿拉伯傳入，後來便成爲義大利人的一門特技，現在義大利設有專門的學校，傳授鑲嵌藝術，教學的過程，是先由畫家們在石板上繪好圖樣，然後由學生們按圖鑲嵌，每一幅畫面不知道有幾千萬片細石和玻片，用膠汁及石膏等黏牢，據說每鑲一幅耗時總在十至廿年以上。

堂內的神像，其體形的高大魁梧，有超過眞實人體數倍的，望之令人肅然敬畏，不過懸在牆角或樑上的小天使和鴿子，潔白的大理石身在燈光照映中，放出柔和聖潔的光輝，尤其小天使可愛的笑靨和飛揚的雙翼，更令人喜愛，也更增添了和平寧靜的宗教氣氛。

翡冷翠有義大利文藝復興搖籃的美稱，像以寫神曲詩劇而聞名世界文壇的偉大作家但丁，即誕生於此，據說在阿諾河上有一座但丁橋，曾是但丁生前跟他所熱戀的情人約會之地，也由於這一段美麗的愛情，使大詩人寫下他的千古絕唱的神曲。據說城中還有但丁的故宅，我們因爲行色匆匆，沒有多餘時間去參觀，可惜得很。在街邊的一幢老舊的洋樓窗口，飄着白色的帘子，導遊說曾是我國詩人徐志摩的故居，是眞抑是假，就無可考證了。

風光幽麗的米蘭

在米蘭的街上走過，恍如進入大花園中，車輛不多，行人尤其少，幽靜整潔，街邊及行人道上，看不見一片紙屑或落葉，每塊街石都像剛經洗刷過。抬眼望去，只見到處鮮花碧草，這一點極像翡冷翠，但比翡冷翠更靜更幽。我們從翡冷翠驅車抵此，已是午後一時，即隨導遊進入一家餐館，吃的是道地的義大利菜，有烤鷄及薰魚片，更有青豆及洋芋泥等，因爲饑餓的原因，覺得十分美味可口，大家都吃得津津有味。年輕可愛的女侍應生，個個態度親切，面露微笑，在此我們看到眞正的義大利美女；黑髮、黑眼珠、象牙般潔白細緻的皮膚、修長健美的腿。其實在羅馬大街上也看到滿街的義大利女人，但米蘭的女人似乎更有一番嫻雅的風韻。

米蘭留給我最深刻印象的是小巷的幽靜。巷道不寬，沒有車輛，行人也罕見，一律四層紅磚的樓房，白色的百葉窗，窗口有色澤鮮麗的帘子，在風中飄拂，家家的大門，有的緊閉，有的半掩，見不到半個人影，靜得連一聲小孩的啼哭都聽不到，走過時似乎覺得自己的腳步聲，也嫌太吵。

幾乎每座教堂門前，都有一方廣場，人們坐在階石或欄杆上，有孤獨的老人，有相偎相依的年輕情侶，更有推着嬰兒車的婦人，人人手上一包餅干或麵包，隨手拋在地上，他們的腳邊，有成羣的鴿子，在漫步啄食，人鳥之間，相處有如朋友或家人，鴿子毫不怯生畏懼，有人將飼料放在自己掌中，鴿子伸頸就在掌中啄食，有的讓鴿子棲在肩上、頭上或手腕上，任它飛來飛去。據說當地政府有專設的法令，嚴禁人們虐待鴿子，捕殺鴿子更是絕對沒有的事，因此鴿羣能够生生不息，任其繁殖。在人家的窗前或屋簷下，還有人行道上，都有鴿子棲息飛翔，我和同伴們蹲在廣場上拍照，鴿子從四周圍過來，留下一個珍貴可愛的鏡頭。

十五、羅馬印象

古老的旅館

羅馬眞不失爲西洋歷史上的一個古城，迄今建城已有二千多年，處處顯得古老陳舊，許多斷垣殘壁，遺下的古蹟勝地，都令人發思古之幽情。

朝聖團所安排的旅程中，羅馬是一個重要地點，進入歐洲除希臘外，第二大站便是羅馬。七月廿七日由雅典乘義大利航空公司班機，在上午十點五十分左右降落羅馬國際機場，辦完一切入境手續後，我們一行卅餘人，卽登上旅遊專車，先到旅館休息，旅館名稱爲 Grand Hotel Plaza，中譯大約可叫做「壯麗的廣場旅館」，初看以爲是誇大之詞，住進後才知道的確名不虛傳。在一切講求現代化、科技文明日益精進的今天，世界各國對無烟囱的觀光事業，無不講求革新進步，觀光旅館設備的新頴，用以滿足觀光客的需求，自是必然之事，可是我們在羅馬所住這家旅館，却是古趣盎然，一點沒有新的現象，外觀卽很陳舊，黑褐色高聳的牆壁，就顯得暮氣沈沈，玻璃大門又厚又重，要用大力推開入內，並非現在一般新式的自動大門。進入屋內立即爲一種古樸幽靜的氣氛所包圍，卽使旅客出入，絡繹不絕，也不像其他旅館那樣顯得熱鬧忙碌。接待旅客的大廳，天花板奇高，從上面垂下的水晶吊燈，玻璃球層層叠叠，成長圓形聚簇，晶瑩剔透，分外耀目，跟後來我們在法國凡爾賽宮所見的吊燈，其豪華富麗，實不相上下。接待旅客起坐休息的大廳分內外兩進，地面都鋪滿深藍色厚地毯，走上去毫無聲息。老式的沙發椅寬大而深，坐着幾乎大半個身子陷進裏面，每四張圍一個大理石面的小圓桌，供旅客圍坐聊天或洽談公務，好像沒有電梯，至少我沒有看到，不知到底有沒有。

那天上午我們住進旅館時，已有不少旅客坐在大廳裏，有的閱報，有的看書，有的閒坐沈思，那種悠閒自在的氣氛，絕非其他旅館所能有。我們在接待的櫃檯上取得鑰匙後，沒有侍者帶引，各自上樓找自己的房間，梯口扶手邊木雕一個巨大的獅子頭，張牙舞爪，毛髮怒放，神情異常逼眞，乍看不免令人嚇一跳。寬敞的大理石梯級上，鋪着棗紅色地毯，上樓後長廊兩旁擺着鮮花盆景，壁上掛的風景油畫，線條細緻，近乎工筆，當然不是出自近代畫家之手。在長廊走過時，聽不到自己的腳步聲，地毯又軟又厚，我打開三一五室的門，不禁內心一聲歡呼，好大的房間！跨進門來全部地毯，中間兩張寬大的木質雙人床，淡黃色綢質窗帘，臨風飄拂，老式的沙發椅雖然已經陳舊，椅面的寶藍色琺蘭絨却仍然光澤。發覺這房間跟別的旅館不同，不是這些古老講究的陳設，而是臥室和浴室之間，另有一間更衣室，看來可供住客熨燙衣服，雖然現在沒有看到熨斗，過去一定有，牆上有掛衣服的木架。浴室大得出人意外，一排並列兩個巨大白磁臉盆，兩面大鏡，可供兩人同時梳洗，白磁衛生設備兩套，整個浴室的牆壁和地面，都是潔白的磁磚。這個旅舍據說有百年以上的歷史，顯見那時的羅馬古城，人口比現在少，生活空間也遠比現在寬敞舒適，雖然沒有新式觀光旅館的一般設備，置身其間，反而身心愉快輕鬆，毫無壓迫窒息之感。我們讀西洋史，知道羅馬古國有過一段光輝燦爛的過去，那時候人民講求生活享受，住宅都是高樓巨厦，庭園寬廣，現在由這個古老旅館的氣派看來，也許還保存若干當年的流風餘韻。

聖彼得大敎堂

在尚未到達羅馬之前，車上的導遊員告訴大家，羅馬有三多：敎堂多、神父修女多、噴泉多。

羅馬本來有聖城之稱，因爲是天主敎的中心，也是天主敎王國梵帝岡所在地，敎堂之多，自是必然的現象，據估計全城有大小敎堂達三百六十多所，其中最著名的是聖彼得大敎堂、聖若望大敎堂、聖瑪琍大敎堂及城外的聖保祿大敎堂等，但在這些遠近聞名爲千萬信徒所瞻仰膜拜的敎堂中，又以聖彼得大敎堂最出色，建築最宏偉，結構最精美，被公認爲是世界上最偉大壯麗的敎堂，是義大利文藝復興時代所遺留下的建築藝術的代表巨構，也是古羅馬的一個光榮象徵。那天上午，我們特地乘專車前往謁見敎宗若望保羅二世，是事先經過我駐敎廷大使館的一位祕書神父接洽好的，謁見教宗的一幕盛況，容後爲文專題報導，現在只談所見的聖彼得大教堂，有人說瞻仰過聖彼得大教堂後，不僅使個人一生留下深刻難忘的印象，更不必再看其他的教堂了。那天上午八時左右，專車駛抵教堂門外附近的一條街上，導遊員卽招呼大家下車，因爲車子不能再前進了，下得車來，只見滿坑滿谷的人潮，一波又一波向教堂湧進，在此茫茫人海中，領隊一再吩咐大家必須緊跟着團體，否則一大意就會迷失自己。

首先我們進入聖彼得廣場，其面積之大可容納十萬人聚會，這廣場也是因聖彼得教堂而得名，亦爲世界上最宏偉最壯麗的一個羣衆聚會場所。首先我們看到的是一座高達廿六公尺的紀念碑，另有兩個巨型的噴水泉左右陪襯，更顯得紀念碑的氣勢非凡。靠近教堂的石階上，分左右兩旁峙立着聖彼得和聖保羅的巨大彫像，聖彼得右手拿鑰匙，左手執戒規，聖保羅的兩手分別捧着聖經和寶劍。廣場的四周有四排柱廊成環抱狀，據說大理石柱子有三百七十二根之多，柱廊頂上邊緣和教堂正面的屋頂上，都豎立着比眞人還高大的一百多個彫像，彫像人物都是出自聖經故事中的。聖彼得教堂今日的雄偉風貌，並非當年初建時所有，其間經過重建，早在敎皇尼古拉五世及朱理亞二世時代卽已開始重建工作，在西元一五〇六年奠基，其間耗費了無數藝術巨匠的心血與精力，才在一六二六年完成此一不朽的偉構，另一說爲一五九〇年完成。

據資料表示，聖彼得大教堂佔地面積一萬五千平方公尺，原是一個小教堂，就地予以擴建的，工程歷時足有一百年以上，長達一、一五一呎（約五分之一哩强），寬七六七呎，可同時容納數萬信徒聚會彌撒。其中大部份工程設計都出自文藝復興時代三傑之一的藝術大師米開蘭基羅之手。站在很遠卽可看到離地面一百卅二公尺的巨大圓頂，金碧輝煌，光輝四射，令人爲之目眩。進入敎堂內部，更是到處見到精美無比的彫刻及壁畫，牆壁、石柱、屋頂、門窗等，都是名家嘔心瀝血的傑作，鏤空彫刻的人物和各種花卉動物等，所敷色彩的光潔華麗，眞是令人嘆爲觀止。壁畫可以說是聖彼得敎堂內部最出色、最引人注目的藝術結晶，其中有一巨幅是全部用彩色精細磁磚嵌鑲而成的，可是看來却絲毫沒有磚塊的鑲接痕跡，遠望就像一幅油畫，所繪的是聖經上一段很重要的故事。

羅馬全城本是建在七個互相鄰接的山丘上，而聖彼得大殿却建立在山谷間的一塊平地上，前面的廣場有一個八百公尺直徑的圓坪，是用朱沙石砌成的，圓坪的中央聳立著一根高約十一丈餘的方形石柱，據說這根石柱是當時埃及人的貢品，當羅馬帝國勢力強大的時候它的政治力量伸展到了中東各國，埃及也被劃爲在它的版圖範圍之內，所以那時埃及人向羅馬臣服進貢，當爲可能的事，史料記載當埃及人將此一龐然大物方形石柱運到羅馬後，要豎立起來是很困難的，因當時尚無起重機，完全靠人力操作，據說是先用鐵鏈繞住，再用輪盤車絞起，但鐵鏈太硬，車盤無法豎起，改用比較細軟的鐵索，也因石柱太重而告折斷，羅馬人絞盡腦汁都無法完成，羅馬朝廷還因此公開懸賞，徵求各方智者及大力士，設法將此石柱豎立起來，後來有一名聰明的東方人，是個水手，他用粗繩縛住石柱，竟然一擧成功，使羅馬人大爲佩服，而這個智慧過人的東方人，被認為極可能是我們的炎黃子孫，雖然無法確切證實，卻被大家認為，由這一段有趣的史實，也可知道羅馬人與中國人之間，早已有了友誼關係，那個水手不但從羅馬官方獲得了一筆優厚的獎金，並贏得他們的欽佩和讚賞。

十六、羅馬街頭

我們朝聖團一行卅多人，在七月廿七日一個陽光燦爛的上午，抵達羅馬。從機場乘旅遊巴士進城，車子在大街小巷中穿過，處處顯得陳舊古老，無論房舍及街巷，都是一片灰暗，缺乏色彩。大部份房屋都是四層樓房，家家的小窗戶，有的懸掛帘帷，有的則爲木質百葉窗，也呈破舊現象。街道狹窄，從車窗外望，只見橫街僻巷中，行人稀少，在巷口以及街道兩旁，停着大小各式的汽車，各建築物的牆壁上，被人亂塗上奇形怪狀的圖案和字跡，地上到處是空罐子、香烟頭及廢紙等物，公共衞生相當差。跟台灣各城市的橫街小巷不同的，就是環境清靜，沒有汽車喇叭及機車吼叫的噪音，同時極少見到橫衝直撞、無孔不入的機車及腳踏車。在街邊兒童幾乎絕跡，在台灣城市中到處見到的成羣結隊的學童，在此地從未見過。因爲羅馬是全世界最聞名的天主教中心，不但到處教堂林立，神父及修女當然很多，在街頭巷尾看到最多的人物，就是這些衣冠整潔、步履安詳的神職人員。他們中有的是土生土長的，也有從世界各地前來修道的外國籍人士。

當車子經過一條狹長的巷道時，車上導遊人員指給大家看，那堵灰白色的高牆後就是舉世尊崇的天主教王國梵帝岡所在地。如果不經提醒，誰也想不到爲千萬教徒所敬仰的羅馬教宗，就寓居於此。我們紛紛地從車窗探首外望，只見到教堂的一角尖頂，因爲領隊早已告訴大家，定於明天安排一個機會，專誠前往拜謁教宗，所以此刻大家的心情並不怎樣激動。

當天午後，我們在一段難得的自由活動時間內，大家結伴逛街，觀光購物，穿逡於大街小巷中。發覺許多街道都由鵝卵石砌成，也有由大塊石板舖成的，除掉市中心這幾條寬敞的大馬路是柏油路面外，其餘幾乎是遍地石塊，兩旁的行人道也如此，街道原已狹窄，人人耳邊自然響起一片步履雜沓之聲。街石多呈黑色，也有土褐色的石塊，在僻街巷衖中走過，頓時感到時光倒流，恍如置身於中古世紀。我們此行剛在耶路撒冷舊城看到的遍地石塊，覺得只有這羅馬古城的街石纔能與之媲美了。

一路逛去，到處看到雕像，而雕像又多豎立於廣場之中，因此廣場也到處可見。據說羅馬全城許多道路都以廣場爲起點，由此向四面八方伸出，作輻射狀，我們由導遊員帶路，來到最有名的威尼斯廣場，一眼望去，廣場四周，只見人車壅塞，交通相當紊亂。據說義大利人喜歡以開車來玩命，開得旣快，花樣又多，往往驚險百出，現在我們看到如此雜亂的交通情形，也不禁爲之咋舌。一座潔白宏偉的安曼諾爾二世的勝利紀念碑，矗立在廣場中央，全部建築所用材料是白石灰土及大理石，這項工程開始於一八八五年，到一九一一年纔完成，中間經過二十六年之久，可見這紀念碑的重要。又一說墨索里尼在執政期間經過重建，他的目的是在炫耀義大利的戰績，這位在第二次世界大戰中叱咤風雲窮兵黷武而又迅卽消失於政治舞台的梟雄，如今只在廣場一角，一幢已呈破舊的建築物中的一個二樓陽台上，留下他生前站立演講的遺址，如今卽使在燦爛的陽光下，也黯然失色。這個勝利紀念碑正面有十六根大理石柱，繞成一個長廊，兩側上面有一尊四匹馬的銅像，由一個身生雙翼的女神牽着。安曼諾爾二世騎馬的銅像立在紀念碑裡面，銅像前有一無名英雄墓，墓上有人物浮彫，手工十分精細，整個紀念碑建築巍峨壯麗，使威尼斯廣場增色不少。

在羅馬通衢大街上看到的任何一個廣場，幾乎都有精美的雕像點綴，後來我們在巴黎及倫敦也看到不少雕像，但都不及羅馬多。說到羅馬的雕刻藝術，就必須提到義大利文藝復興時代的一位藝術大師米開蘭基羅。這位集繪畫、雕塑及建築設計於一身的天才藝術家，我們在羅馬街頭所看到的各種精美絕倫的雕像，幾乎都是他的傑作。有大理石的，也有花崗石的，每一個雕像都跟眞人一樣高大，有的則帶誇張性的比人體更高更大，姿態則有坐、臥及站立的，外形則有全裸、半裸及全身衣冠整齊的。那些裸體男女雕像，無論是乍看或久觀，都只覺其聖潔高雅，莊嚴肅穆，完全是一種嚴肅的藝術品，我相信在任何一個遊客的眼裡，從這些光輝壯麗的雕像上，只會對此一才華蓋世的藝術家，致以無比崇高的敬意，絕不會產生任何低俗無聊的念頭，至此也使我想起國內曾因一幅女性裸體畫，而引起一般衞道之士的激烈批評。要是他們有機會目覩羅馬街頭到處都是的裸體雕像，將不知會作何感想。

我們在威尼斯廣場徘徊漫步，陽光燦爛，蔚藍澄澈的天空，萬里無雲，和風徐徐吹拂，仍然覺得秋陽酷熱難當。舉目望去，滿場遊客，沒有一個撐傘和戴帽的，僅有我們幾個來自東方的觀光客，有的撐傘，有的戴帽，人家不免用好奇的眼光看我們，有人甚至拿起照相機對準我們，可見東西方人民不同的生活習慣。此刻是午後二時許，在羅馬人的日常生活中，正是他們休息的時間，街旁的商店公司以及政府機關都停止工作，行人和車輛也比較稀疏，據導遊員相告，現在廣場上熙來攘往的擁擠人羣，幾乎全是來自世界各地的觀光客，當地人正在家中納福休息，或上咖啡店、餐館及其他娛樂場所。義大利人天生熱情達觀，在街上碰到的青年男女，個個都活潑健康，談笑風生，一副天塌下來都不在乎的樣子，迎面而來的衣着樸素、體態輕盈的義大利少女及少婦，跟在紐約大街上所見服飾華麗、舉止闊綽的貴婦人相比，她們自有另一種特殊的風韻，自然而然會吸引外地來的遊客多看兩眼。

噴泉幾乎是羅馬街頭除掉廣場和雕像外，第三個最引人入勝的目標。有人說羅馬是世界上最出色的噴泉國家，觀賞噴泉幾乎是所有前來羅馬的觀光客一致的願望和興趣。據說羅馬著名的地底古墓窟，在地下掘好幾丈深都沒有水源湧出，羅馬居民的飲用水都在地下裝水管，將河水輸送引入，可是城中却到處是噴泉，眞是一樁不可思議的趣事。在我的印象中，似乎凡是有廣場的地方就有雕像和噴泉，這三者好像結合一體，不可分開，雖然不敢說一定如此，但却是八九不離十，至少我們在每一處廣場上，都看到雕像和噴泉，其中以位於城中心的河泉及水仙泉兩個噴泉，最爲出色。河泉有四個巨大的銅像，據說是世界四大河流的象徵，包括埃及的尼羅河及印度的恒河，另外兩條就不可考了。水仙泉的形狀是一個大圓池，池中豎一銅像，從銅像身上噴出一股銀光閃爍的泉水，下面又有幾百條水柱向四周射出，由於水柱多而密集，形成層層銀色巨網，凌空懸掛，設計之精巧，形狀之美妙，看後令人留下深刻難忘的印象。我們又來到著名的幸運泉參觀，這噴泉又叫許願泉，噴泉的背景是由許多拱形牌坊所構成，牌坊上面有石雕的人像和駿馬，雕像顯然是個英雄人物，自古英雄與駿馬是不可分的，顯得英武威嚴，不可一世。水池呈圓形，四周石階上坐滿了男女遊客，同伴中有人將銅幣一枚投入，立卽有人前來糾正，說明要將錢幣從背後反投纔有效，他並作狀示範，引起旁人一陣嘻笑。我們也就入境隨俗，重又從皮包中找出幾枚錢幣，背着噴泉投入。據說投第一枚可獲得機會重遊羅馬，第二枚投入可覓得理想情人，第三枚可使天下怨偶如願仳離。如此荒唐可笑的願望，未免滑稽得令人啼笑皆非。

我們在返回旅館的途中，在一處行人道旁，看到一個衣衫破舊的中年婦女在擺地攤，一塊白膠布上擺着一些襪子、手套、毛巾及化粧品之類。這婦人容顏蒼白憔悴，半垂着頭，不勝憂愁的樣子。又在一處街邊看到一老人伸手行乞，這使我們在觀賞了羅馬城光輝的歷史古蹟之外，也領會了它陰暗的一面。

十七、羅馬訪古

羅馬有永恒之城的雅稱，據史料記載，一千九百多年來，古羅馬帝國由於政治動亂，朝代興衰的影響，幾經戰火摧毀，一次又一次從破損的廢墟中，重新建立起來，所以有句諺語說得好：「羅馬不是一天造成的」，義大利人民憑其堅毅的民族性，加上一個傳統的信念，他們相信羅馬永遠不會毀滅。羅馬現在是義大利的首都，二千多年前曾在西洋歷史上放出萬丈光芒，不可一世，二千年後的今天，古羅馬的光輝早已煙沒，僅留下許多斷垣殘壁，供人憑弔，來到羅馬旅遊觀光的世界各國人士，却仍然以一覩羅馬古蹟，引為生平快事。

我們朝聖團在七月廿七日上午從希臘首都雅典，乘義大利航空公司班機抵達羅馬國際機場，行裝甫卸，卽換乘旅遊專車出發，與緻勃勃地尋幽訪古去。

地下墓窟

導遊員帶領我們，先去參觀一處古代墓穴，據說這種墓穴在羅馬很多，現在尚存的約有五四個，其中穴道有長達九百公尺的，所有墓穴連接起來，其長度可有八百七六公里。這類地下墓窟建在城外，繞着城垣開掘，起點是在城垣的腳下，成縱線伸展，也有橫線相連的。我們的專車在一條長巷口停下，大家下車後僅走十多步卽跨入一張小門，門內空地很大，林木蓊鬱，草地如茵，再往前行，來到一處開朗廣闊的平原，眼前一片青葱，到處花草。又進入一張小門，這是墓窟的入口，側旁有小室一間，出售各種聖物和紀念品，同伴們見到這些琳瑯滿目的小玩意，圍上前去想買，但領隊的神父叫大家快走，今天參觀墓窟的教友很多，必須緊跟自己的團體前進。我們進入一個小教堂，見有兩個着法衣的神職人員，正站在神桌前膜拜。大家快步走過，四壁嵌懸一些殘碑斷碣，上面佈滿古老文字，領隊說這些都是從墓窟中取出的。來到地窟入口處，有一條窄長曲折的石級，大家循着石級往下走去，一路上又是嵌滿破損不堪的碑碣，到達地底下層後，一種恐怖陰森的氣氛，立刻從四周襲來。我們首先看到一處石壁上有一個丈多深的石洞，一尊聖女臥像赫然呈現眼前，據說這只是她的彫像，眞正的屍體並不在此，不過由於形體容貌逼眞，大小跟眞的人體一樣，長袍垂地，頭上有布巾包裹，軀體半側，頸上還隱約有一刀痕，據說是被當年日耳曼民族入侵羅馬時被害的，又一說屍體本埋在穴內，後來才移葬別處。彫像外面有鐵栅圍繞，設有神龕，龕上懸着幾盞小燈，以供參觀膜拜的信友可以看得淸楚。我們再往地穴深處走去，一條又一條長廊，彼此連接，長廊兩旁都挖成長方形的石槽，上下約有四五層，有些地方闢爲小石屋，屋頂成穹窿狀，四周有石柱排列，中間有石頭祭壇，壇上置有聖經、燭台及祭衣等物，可見常有神父們前來誦經祭拜。長廊中到處開着天窗，上通地面，作爲通氣及引進天光之用。據說長廊兩旁的石槽中，本來都埋着屍體，現在雖然是空的，却仍然留下若干骷髏在內，看來令人毛髮悚然。據資料表示，這些墓窟是古代羅馬貴族及富有人家的家族集體葬身之所，地窟內裝飾彫刻以及壁畫都相當精美，每一墓槽前的石版上都刻有死者的姓名及生卒年月，有的還刻着銘詞，其中有比較考究精緻的墓槽是爲了埋葬身份重要的人物，而且另闢小室及石龕安置。這些羅馬的古墓穴，每個家族都各有自家的範圍，年代愈早的墓槽愈在石壁上層，後來的新客只好往下層安置，由於年代久遠以後，各家族也就不能分開了。

考古學家更認爲這些層層地窟相叠，都有公共的天窗，因此即使最下一層，仍然可以通氣和透光。這眞是古羅馬一項偉大不朽的工程，我們置身在此光線幽暗，稍覺沈悶的地窟中，擡眼望去，只見一個又一個的長廊，頗有連綿無盡之感。據說古代羅馬人有一種普遍流行的觀念，認爲死者必須永遠安息長眠，不能受到任何騷擾，而且羅馬法律規定墓地是神聖不可侵犯的地方，所以在地底石穴中安葬是最理想的地點。這些公元前二、三世紀時即已存在的墓穴，也是當年基督徒逃避迫害的藏身之所。

鬪獸場

其次，我們參觀了鬪獸場，這也是一處二千多年前遺下的古跡。鬪獸場又稱競技場，是古代羅馬暴君以觀賞人獸相鬪的一個殘酷恐怖場所，它和羅馬墓窟並稱爲兩大建築中的奇蹟。那天下午，前往參觀的人不少，首先看到的是一座圓形龐大的建築物，雖已是斷垣殘壁，仍能根據它遺下的一些規模和外貌，可以想見工程的偉大壯麗，據資料記載，這座競技場開始建築是在紀元七十二年，一說七十五年，尼羅皇帝發動了數萬名奴工，經過八年之久，纔完成此一工程。原有一尊尼羅皇帝的銅像，今已不見，全部面積有二萬平方公尺，可容納觀衆八萬人，此處又是露天劇場，這四層橢圓形的建築物，分東西南北四方的大門以供觀衆出入，場內有石級形的座位，更有專供皇上及貴族們使用的包廂，中央有一圓形舞台，現在雖然只見到一塊塊石板，却乃可想見當時的男女藝人，穿戴得光鮮華麗，女演員打扮得花枝招展的在此台上渾身解數地以博羅馬暴君的一粲那種可憐無奈狀。圓形舞台用木板分爲上下二層，底下一層用石塊砌成隔間，就是當年關野獸的地方，上面一層卽爲人獸搏鬪或武士比劍的場地，下層尙有許多通道和隔開的小房間，據說是男女演員在此化裝及參加搏鬪的武士們在此作賽前準備之用。用紅磚及石塊砌成的圍牆牆柱，現在都已傾圮，蕩然無存，經過二千多年來的風化及戰火摧毀，現在可以看到的只是一堆灰褐色的石頭，場內的四層台階，原是當年千萬男女觀衆，衣香鬢影及鼓掌歡呼之地，現在也已化成爲巉岩削壁，頑石一堆了。同伴中有人想跨過一堵殘破的短垣，進入場中心去看看，立卽被導遊員勸阻，在這遍地亂石堆積的廢墟中，隨時隨地都可能遇到意外危險，還是以小心遠離爲妙。據說現在義大利政府當局已將這個象徵野蠻殘暴的鬪獸場，加以整頓修補，是否有意要將這一段人類歷史的醜惡面予以掩飾，就不得而知了。

教堂與聖殿

羅馬是天主教的中心和發祥地，因此全城幾乎到處是教堂和聖殿，據估計大小教堂不下三百六十多處。我們朝聖團在羅馬一共停留三天，每天都在各大小教堂出入，走出這個教堂大門，又跨進另一個教堂的門廊，這樣一出一進，也不記得看過多少個教堂和參拜過多少聖殿了，每個教堂的建築工程也許大同小異，外觀看不出太大差別，但進入內部以後，却是千差萬別，簡直找不出兩所相同教堂，以天主教的悠久歷史，每個教堂至少都是數百年甚至千年的古跡，譬如聖伯多祿大教堂，據史料記載聖伯多祿死於紀元六七年；紀元九十年間卽爲紀念他而建一小教堂，稍後在君士坦丁大帝時代，又爲他建立一座大堂，論時間也是一千多年了，其他各堂都莫不如此。每個教堂進門處的兩個聖水缸，形狀各異，有的作貝殼形，有的用黃斑雲母石彫成，還有兩個小天使左右捧持，有的用大理石彫成圓形，也有用花崗石鑿成的。彫刻的聖像更是精美絕倫，嘆爲觀止。在聖伯多祿大教堂看到聖伯多祿的銅像，頂上有一華蓋，像前有兩座大燭台，這銅像據說是在五世紀時彫成的，他右手伸出三個指頭，表示降福給信徒，左手放在胸前，拿着一個寶鑰，表示用來開啓天堂之門，他的右足略微伸出，以供教友們親吻，千多年來也許被億兆的信友吻過，足趾已是光滑晶亮。他的聖墓挖成地穴狀，墓前繞着用雲母石鏤成的欄杆，置有九十五盞金燈，長明不滅。這位耶穌的第一號大弟子，曾做過第一任教皇，身份特殊，聖墓旁便是內殿，擺着一排的長櫈，以便人們參加祭典時坐的。一座用古銅彫成的寶座，兩旁各有一位天使彫像，椅背頂上另有兩個小神，手中各捧着聖冕及寶鑰，據說這古銅寶座是出自一位十七世紀的名彫刻家之手，技藝之精細固不應說，難得的是如此美妙的設計，寶座的四隻脚都向外伸出，而且每隻脚尖上各有一銅環，由四個聖師彫像捧着。寶座背後又有一個雲彩繽紛的大光輪，在金光絢爛的雲彩中，有許多天神及一隻象徵聖潔和平的白鴿，這一莊嚴華麗的景象，眞令人目炫神凝，爲之驚嘆。

在聖伯多祿大教堂內望彌撒的信徒，一批走了，一批又來了，堂內據說共有五個區。各區都設有聖壇可擧行彌撒。走到任何一個地方，張目四顧，盡是壁畫與彫刻藝術品，粗大的圓柱及方柱上，刻滿着各式美妙無比的圖案及神像，也有用玉石嵌鑲的，色彩則有寶藍、朱紅、深綠及鵝黃、乳白及深紫等，每扇長方形的玻璃窗，更是鑲得千紅萬紫，光彩奪目。鴿子幾乎是每根柱子上必備的寵物，全身潔白如銀，彫得神情活躍，振翅作試飛狀，十分嬌美玲瓏可愛，而且每一隻的姿態都不同，使人不能不嘆服藝術家的豐富想像力及靈感。

萬神廟也是一處著名的宗教古跡，據說已有一千九百年歷史，我們參觀過聖伯多祿大教堂之後，再瞻仰此一建築風格特殊的教堂，別有一番觀感，這廟的主要部份呈圓形，殿內沒有一根柱子，頂部是穹窿狀，四面無窗，這是跟其他教堂不同之點，光線是由頂部開一巨大圓洞漏入，雨天雨水也從此洞落下，地面却有無數小孔，可以排除雨水。全廟由紅磚砌成，但因年代久遠，紅色已褪成灰白，呈現一種蒼涼森冷氣象。據說廟內有一處古墓窟，骷髏堆積如山，許多裝飾物都是由人骨拼鑲成的，令人感到十分恐怖陰森，却也非常不平凡。

十八、在聖彼得廣場

羅馬有「永恒之城」的美譽，是西洋歷史上的一個著名古都，迄今建城已有二千多年，因爲是天主教會的中心地，所以也有聖城之稱，全城教堂之多，在世界上恐怕除中東的耶路撒冷聖地之外，就要算羅馬了。羅馬全城共有三百六十多所大小教堂，其中規模最大，建築最宏偉瑰奇的就算聖彼得大教堂，其他像聖若望大教堂、聖瑪琍大教堂及城外的聖保祿大教堂等，都比不上聖彼得大教堂，據說因此羅馬歷屆教宗公開接見來自世界各地的朝聖教徒，都在此地擧行。這個留下十六世紀義大利文藝復興的建築藝術精神的光榮象徵，被公認是全世界結構最精美，歷史最悠久的古老教堂，而其最大的特色就是擁有一個可容納十萬以上羣衆聚會的大廣場，也被認爲是世界上氣魄最壯麗，氣氛最莊嚴的一片集會場所，筆者何其有幸，曾親自置身在這片廣場中，並且睹當今宗教領袖若望保祿二世。

是一個初秋的晴美日子，上午八時，我們朝聖團全體團員一行卅餘人，從寓居的旅館搭乘專車，前往覲見羅馬教宗。這天陽光燦爛似錦，專車在羅馬的街道上疾駛前進，一路上大家的心情興奮異常，平日只能在報刋上讀到有關教宗的起居活動消息，從電視上看到教宗接見信徒的熱烈盛大場面，早已心往神馳，今天竟能有機會親身參與，沒有一個人不認爲是生平幸事。

當專車駛抵教堂附近時，卽望見巍峨高聳的圍牆，全是灰褐色石塊所築成，巨大方形的厚塊花崗石，舖成狹長的道路，我們在門外下車，門口有衞兵守護，任何交通工具都不能入內。因爲領隊的神父走在前面，當朝聖團進入時，是否要出示通行的證件，我們都不淸楚。擡眼望去，只見萬頭鑽動，所有從世界各地前來朝聖的信徒，都列成隊伍，在引導人員的指點下，魚貫地跨過石門，鴉雀無聲，秩序井然。領隊告訴我們，每二人一排，必須挨肩接踵，依序前進，切不可獨自亂走，不可超前落後，更不可喧嘩談笑，否則會受引導人員的斥責，甚至禁止進入。隊伍跨入廣場後，只覺眼前氣象萬千，爲之神馳目眩。一座高達廿多公尺的紀念碑，首先觸入眼簾，碑身呈正方形：用灰色的花崗石雕成，巍然峙立在廣場中央，那莊嚴肅穆的氣勢，眞正象徵了羅馬天主教會的神聖和偉大。左右兩旁各聳立着一個巨型噴泉，潔白晶瑩的水柱，從中間汩汩地飛奔而出，在陽光下顯得光輝璀燦，閃耀奪目。教堂正前面的石階前，左右各有一尊聖彼得和聖保羅的花崗石雕像，這是天主教會的兩位偉大的信徒兼神職人員，由於他們生前對教會的虔誠和奉獻，功不可沒，他們的精神永垂不朽，這座大教堂，就是爲紀念他們的功績而建造的。聖彼得的右手持一把鑰匙，左手持一戒規，意思大概是在昭示全世界的信徒，只要能謹遵教會的戒規，卽可蒙受開啓大門進入天堂的恩典。聖保羅的手上，也分別捧持聖經和寶劍，聖經象徵天主教義的博大精深，寶劍象徵什麼，就很難探測了。

廣場的四周有四排圓形的石柱環列，形成合抱狀，這些粗大的石柱由大理石鑿成，據資料上顯示，共有三百七十二根。教堂正面的屋頂上，豎立着一百多尊石雕神像，其形體之高大，尺寸超出眞人至少三分之一，都是出自著名的彫刻家之手，每尊石像的臉部，在仔細觀察之下，發覺各有不同的表情，我爲好奇心驅使，拿着望遠鏡，逐一細看，雖各有不同的喜、怒、哀、樂之情，但其莊嚴聖潔，却是一樣。還有頭部的俯仰轉側，手足的伸展投擧，各具姿態，幾乎找不出有一具相同的，這些彫刻大師的藝術造詣，令人嘆爲觀止，據說這一百多具神像，都取自舊約聖經中的故事，每個神像都有一段神奇輝煌的傳說，頗能引人入勝。

正當我爲廣場的五光十色奇景所沈醉時，忽然發覺同伴們一陣騷動，同時驚相轉告：「教宗來了！教宗來了！」這眞是一個天大的喜訊，在烈陽下大家枯坐期待等候的，就是這一刻的到來，一時之間，只見偌大的廣場上，十萬以上的朝聖者，紛紛地從座位上起立，同時彷彿春雷似的掌聲和歡呼聲，像山洪般猝然暴發。本來我們被引導人員安排的座位，就靠近走道旁，這是教宗走過時的必經之地，同伴們都得意非凡，不料此時情勢大變，原來大家都安分守己地排排坐，現在却什麼秩序和規矩都不顧了，禮貌和風度更是拋在一邊，人人使出渾身解數，儘自己的氣力，拚命往前擠去，每個人都想跟教宗握一握手，即使握不到手，摸到他的一片衣角也是好的。同伴們都不示弱，坐在我們背後的一羣洋人，不分男女老少，一個個瘋狂般大喊大叫，手腳並用，從我們的頭上肩上伸過來，有的站在我們的椅子上，有的衝上來擠在我們的前面，你擠我也擠，誰也不甘心放棄這個千載難逢的機會。

起初，我們只遠遠地望見一頂敞篷的轎子，不知道由幾個人抬着，穿一身雪白聖袍的教宗，頭上戴着白色小圓帽，高高地坐在轎中，緩緩地從廣場的一角出現，誰也不知道轎子是從那裏進入廣場的，只覺得似乎一片白雲，從天而降。轎子降落後，立即有大羣神職人員奔上前去，將教宗團團地圍着，包括樞機主教、總主教、主教、神父及修士等，數不清究竟有多少人，看來不會少於一百人，他們簇擁著教宗緩步前行，穿過萬千瘋狂般的教徒前，一邊走一邊揮手。

「來了！來了！」

「教宗萬歲！教宗萬歲！」

十萬個以上的教徒，十萬雙熱烈的手，十萬聲熱烈的歡呼，十萬雙熱烈的眼睛，這些來自全世界各個角落的人們，操着各自不同的語言，抬起膚色不同的臉，一致地朝着教宗望去。愈來愈近了，羣衆的熱情也愈來愈沸騰，我們已經看到了教宗的小白帽，他的手一直擧在帽邊，不停地揮着，這位祖籍波蘭的最高宗教領袖，面對這萬千不同種族的信徒，完全一視同仁，都是他麾下的親愛子民。他滿臉微笑，慈祥愷悌，當大家向他伸出熱烈的手時，他無不一一握住，只要伸到他面前的，他一個挨一個地握過，同時嘴裏喃喃地唸着，雖然聽不清楚說什麼，但都是些祝福之詞，是毫無疑問的。我正要向前伸手去時，突然有人從我肩上伸過手來，將我擠向一旁，我回頭一看，是個滿頭白髮的老先生，年紀至少七十以上，不知屬那個國籍，說一口我完全聽不懂的話，對我頻頻點頭，似乎表示歉意，因爲只在這一刹那，他的手被教宗握了，而我却因此失之交臂，教宗已經走了過去，我再也無法追上去了。

最後，教宗在衆人扶持下，跨上了台階，步上平台，台上已安置好一張寬大的沙發椅，教宗坐定，台前一側裝有一個擴音器，教宗開始爲信徒們祝福及祈禱，並發表簡短的講演，一位神父藉擴音器代爲傳播，用義大利語、法語及英語等數國語文，雖僅短短三分鐘不到，却是簡短有力，震撼全場，激起萬千羣衆的熱烈反應，歡呼鼓掌之聲，此起彼落。

接着從擴音器裏播出各朝聖團的名稱，教宗在爲全體祈禱祝福之後，又分別爲各團祈禱祝福，每播出一個名字，便激起一片瘋狂般的歡呼和鼓掌，這便是被播到名字的人們所發出的反應。一個接着一個的播出來，狂烈的歡呼和掌聲，也跟着一波一波的掀起，就像瘋狂一般。誰也不知道究竟有多少個團體，只覺得自己的耳朶被震聾了，整個廣場變成了一鍋沸騰的熱水，也是一團燃燒的烈火，每個人的心都被點燃，發出了熊熊的火燄。忽然，像從天邊送過來一陣燥雷，竟然播出了「中華民國朝聖團」的聲音，同伴們一時驚得呆了，大家不自禁地楞了一下，有點不相信自己的耳朶，「是在叫我們嗎？」一霎時，我們也發了瘋，又鼓掌、又狂叫，有的還跳了起來。我自問生平從未這樣狂喜過，喉嚨喊啞了，手掌也拍痛了。

十九、夜遊千泉宮

千絲萬縷，噴珠吐玉，一幕幕如夢似幻的噴泉奇景，很難用適當的文字形容，這是距離羅馬約四十分鐘車程的一處遠近馳名的觀光勝地提波里千泉宮，導遊員安排我們在晚間前往觀賞，說是比白天更能顯現它的神奇美妙，並說遊羅馬而不一遊千泉宮，等於身入寶山空手而歸，將是一大遺憾。

旅遊巴士從羅馬城駛出後，一路上所見前後車輛絡繹不絕，都是觀光客前往千泉宮的車子。公路寬敞平坦，由於沿途照明設備良好，到處是燈火絢爛，毫不寂寞。到達目的地後，停車場上燈光輝耀，人車擁擠有如潮湧，據說此地每晚都是如此熱鬧。出售紀念品的商店門庭若市，攤販也不少，各攤位排列整齊，商品陳列木架上，精美玲瓏的婦女飾物以及各種裝飾品及兒童玩具等，大都以千泉宮的景物爲設計的主題，掛在架上，任人選購，價廉物美，每個攤位前，都圍滿顧客，我們也擠在人叢中，挑選了不少的玩具和飾物，合計還不到五元美金。

導遊員買了入場劵，分給我們每人一張，入場時由管理員收去，排隊進入秩序井然，但跨入場內後，由於遊人太多，前後左右，你推我擠，導遊員雖執電筒，走在前面，同行者仍極易被擠散失，因此我們前呼後應，而且相互挽手而行。場內為了配合噴泉奇景的突出顯眼，只在有噴泉的地方裝設燈光，其他各處如走廊和小徑上，都不設燈，因此行人必須摸黑前進，同伴們中有攜帶手電筒的，在此可以大派用場了。從世界各地來的觀光客，大都隨團體而來，每團各有自己的導遊員，每個導遊都手執電筒前行引導，一時之間只見到處電光閃爍，一不留神，誤隨別的導遊前進，麻煩就大了，同伴中一位女士卽因一時大意，跟住別人的團體，好在她很機警，沒有走太遠，便發覺自己的錯誤，臨時退回找到了我們。

我們的導遊員，是一位年輕的留學生，在羅馬一所大學習美術，是臺灣南部人，當導遊是課外兼差，為人熱誠風趣，帶領我們邊走邊介紹說明，他說每次導遊必帶隊來此，先後已不下十餘次，對千泉宮的歷史及景物，瞭如指掌，聽他娓娓道來，如數家珍。據說大約四百餘年前，義大利有一貴族公爵，非常富有，熱戀一年輕貌美女子，他為博得情婦的歡心，不惜耗費鉅資在提波里的一座小山上，建一豪華別墅，名為戴綺思別墅。情婦最愛觀賞噴泉，於是請工程師特別設計，引來山中的泉水，利用山泉的緩急落差，經過一番精心規劃，順着山勢高低，建造大小噴泉千餘處，故名千泉宮。別墅的房舍建築，式樣相當別致，晚間視線不明，似為一二層洋樓，並不開放，遊客無法入內參觀，看來僅以上千的噴泉，作為觀光重點。

入場後在走道兩側卽有成千上百的小噴泉，名為百泉路，燈光恰好照在噴泉上，絕不外洩，因此每個成弧形的噴泉，被照耀得晶瑩雪亮，面積雖小，因燈光凝聚，卻是閃爍奪目，似乎有意引起遊客發出第一聲驚嘆。沿途前進，只聽見一片嘩嘩之聲，從空中，從左右前後洶湧而來，恍如置身驚濤駭浪或萬馬奔騰之中，抬眼望去，到處水柱四射，水花飛揚，水柱有的纖細如絲，有的粗大如枝幹，有成拋物線噴出，有成直線往天空上噴，有的從各種大理石彫成的獸嘴中噴出，有從鳥嘴吐出的，也有從大理石人像的嘴、耳、鼻、肚臍及乳頭噴出的，有雙龍吐珠，有蛋形噴泉，有嬰孩撒尿。有一處水簾噴泉，從高處懸空瀉下，面積寬約數十呎，下面為一小潭，但有石徑可通，我們從石徑走過，有如置身水晶宮中，瀑布從四面瀉下，僅有石徑成中空狀，只要小心前行，衣履可不致淋濕，只有微弱的水花濺及，可是極富新奇刺激，遊人到此無不驚呼大叫，設計的巧妙，令人讚嘆。有一處風琴噴泉，琴身全部由噴水形成，每根琴鍵的噴水整齊劃一，連綿不斷，而又起伏不定，看去就像正有人彈奏，蔚為奇觀。

有的噴泉形成扇狀，細看是由無數微小水柱構成，但遠望有如一柄巨扇，不停地搧動，彷彿被一隻無形的魔手在操作。有的噴泉裝在圓形岩洞中，洞深不見底，水柱從洞中不斷噴出，冲到洞頂再迴旋落下，形成滿洞水珠，在彩色霓虹燈照映下，恍如千萬顆鑽石及珠寶，光輝四射，令人為之目眩。構成大小球形的噴泉更不計其數，圓形噴泉則有正圓及橢圓形的，遠望有如鉅大的水晶球，有的時隱時現，變幻莫測。千泉宮的噴泉，不但形狀千奇百怪，令人嘆為觀止，尤其燈光裝置設計，極盡巧思，有牡丹綠葉相得益彰之妙。據說日間在陽光照耀下，更有彩虹出現，所謂人間仙境，也不過如此。此次歐洲之行，沿途在各名都大邑，如馬德里、里斯本、巴黎、倫敦以及以噴泉聞名全球的羅馬古城等地所見的噴泉，跟千泉宮相比，都不免小巫見大巫而黯然失色。我們在此，徘徊留連，達兩小時餘，仍覺遊興未盡，不忍離去。

二十、到西班牙去

第一次坐火車

朝聖團從台灣桃園國際機場出發後，途中經過香港、曼谷、開羅、以色列、希臘、羅馬、佛羅倫斯、米蘭、瑞士及巴黎等國家與城市，使用的交通工具不是飛機就是旅遊巴士，只有八月四日從法國南部一個著名的宗敎聖地路德，前往西班牙京都馬德里，是坐火車去的。那天早晨六時許，我就起床梳洗換衣，收拾行李，滿懷興奮爲的是今天第一次坐火車，希望開開眼界，不知道歐洲大陸的火車及其沿途景物怎樣。七時進畢早餐，即隨同伴們站在旅館門口等候旅行社的專車，前往火車站。

約在九點多鐘，專車即在一幢灰褐色毫不起眼的建築物前停下，不是導遊員說：「車站到了」，大家還不相信這就是火車站，看來不比台北火車站大多少，這樣小規模不够現代化的火車站，簡直距離我的想像太遠了。專車司機將我們的行李卸下後，他的任務已了，大家各人提着自己的行李，跨入候車室，旅客很多，只見出進的人羣匆匆而過，雖有椅凳分排擺列，但都坐滿了人，我們只好站在一旁，同時也要照顧行李。沒有看到兜售商品的小販，也沒有看到替旅客搬運行李的腳伕，也許有腳伕，可是我們却沒有碰到。導遊員告訴大家，火車到站時，各人要自提行李上車，這一來大家都有點急了。因爲大件行李實在提不動，何況還要在旅客擁擠中搬上車去，是相當吃力的一件事。同伴們這時都羨慕我了，因爲在全團卅多人中，只有我的行李最少又最輕，僅一隻手提皮包，手一提就可以上車了。

忽然起了一陣小小騷動，原來火車快要進站，我們在導遊員的指點下，各自提着行李到月台上。經一番商量後，分一部份人先上車，另一部份留在月台，一邊照顧行李，一邊從車窗口將行李遞入。我自忖沒有問題，便逕自提着我的皮包上了車，一看車廂走道非常窄小，僅容一人走過，手中提着行李東撞西碰，在木板上撞起一片響聲。眞沒有料到，法國的火車竟是如此陳舊落後，跟我們台灣的自強號及中興號等電動火車，根本不能比。如果不到國外看看，就很難想到自己的國家，近年在交通方面的建設進步，是多麼值得驕傲。我們團員卅多人，分坐四至五個車廂，每廂可坐八人，座位是長條硬板凳，分左右二排每排坐四人，中間已沒有通行的空隙，大件行李擺在座位上面的木架上，小件只能各人塞在自己的胸前或放在膝上，八人相對而坐，彼此只能屈腿縮腳，坐久了想伸一伸痲痺的腿都不可能。在行車途中，車輪在鐵軌上滾動的聲音，噪聒震耳，車子左右擺動，車內沒有空氣調節，相當悶熱，坐得實在不舒服。我幸虧佔到一個靠近窗口的座位，藉探視窗外景物，打發無聊時光。

這一帶窗外的風景，是屬於法國境內的農村景物，農舍矮小，疏落地出現在青翠的山坡和草原上，閃亮蔚藍的天空，陽光洒在廣闊的田野和叢林間，可以淸晰地看到羊羣在山坡上啃草和散步。田野間偶然看到三五個農民，在往來操作，也有使用拖拉機的。農舍門前的草地上，有鷄羣啄食，但極少看到人影，法國是否在實行人口政策，何以廣大的農村人口如此稀少，覺得到處是空蕩蕩的，比起台灣的農村是寂寞多了。據資料顯示，在法國與西班牙之間，有一座著名的比利牛斯山，山脈分佈遼闊，是法、西二國的天然界線，這一帶山區，沒有什麼好看的自然風景，由於氣候乾燥，雨水稀少，樹木也不容易生長，山勢相當險峻，不過可以看到一片片青草綠地，據說是很好的畜牧場地。

火車一直繼續前進，有時穿過山洞，有時在山腰爬行，車行速度不快，欣賞沿途景物，倒是很理想，雖然沒有奇山秀水可看，可是這裡到底是歐洲大陸，一種陌生而神祕的異國情調，仍然牢牢地攫住我的好奇心。車廂中有些同伴在打瞌睡，有的在默坐凝神，當車身在一陣猛烈震盪時，行李會從架上猝然滾落，嚇得大家一片驚呼。火車抵達法國與西班牙之間的界限點時，乘客必須在此下車，換乘進入西班牙境的火車，因爲西班牙火車的路軌比法國的狹窄，因此兩國的火車不能聯運。我們又得一陣緊張忙碌，各自提起行李下車，大件的仍從窗口丟出，讓先下車的人接住，由於車小人多，在車內走道中又是一陣推擠碰撞。

此地是個小鎮，可惜既不懂法文，又不懂西班牙文，雖有地名，我也無從拼音讀出。奇怪的是這車站既是法、西二國的火車在此會合交接，却是出乎意外的一片冷淸，旅客也不多，不過有一條高速公路與鐵路平行，是否因此搶走了火車的生意，就不得而知了。想起美國的火車站情景也相當落寞，友人告訴我，是因爲美國國內的航空事業很發達，加上「時間就是金錢」的觀念普遍作祟，因此一般人寧願坐飛機，而放棄在地上爬行的火車。

我們換乘西班牙境內的火車後，座位是皮面沙發式，比較舒適寬敞，而且一律朝前，像遊覽巴士的卡座一樣，不過中間的走道，也僅容一人通行，小件行李塞在座椅下面，雙腿可以自由伸屈。上車後不久，侍者就提來一隻大籃，籃內盛着卅多份午餐飯盒，這是導遊員早已預定好的。飯盒內容相當豐盛，有油炸雞腿、蔬菜沙拉、一枚煮蛋、兩個奶油麵包，另有橘柑一隻及少許酸菜，據說這是西班牙人一般日常的食物，味道也相當可口，不過我們多數人都吃不完，有的將剩下的雞蛋及麵包留着，初進西班牙食物，多少有點嘗新的好奇。飯後，侍者又送來免費冷飲，菓汁及可樂可任挑一樣，團員中有幾位男士要了酒類，得另付錢。

火車一直向前往西班牙首都馬德里駛去，比利牛斯山巍然高聳的山脈，可從車窗口遠遠眺望，據說這山在法國境內沒有多大地理上的價值，不過對西班牙而言，却是一道國防上的天塹，在西班牙歷史上，有多次發揮了抵禦外侮的作用。

馬德里夜景

馬德里是個繁華熱鬧、五光十色的城市，尤其入夜後，各大街小巷，一片人潮，凡是公共娛樂場所，門口都大排長龍，等候購票入場。電影院、夜總會、歌劇院及舞廳等，大都是夜間生意特別興隆，那天晚上我們在逛街的時候，團員中忽然有人提議去夜總會看表演，於是沿着一條大街走去，一連經過兩三家夜總會門口，看到等候入場的人羣，長龍排到了街角轉彎的地方，當時是八點多鐘，據說正是西班牙人夜生活開始的時候，我們看看沒有希望買到票，只好作罷。一路逛去，到處碰到狂歡作樂的人羣，拉手風琴的，彈吉他的，引吭高歌的，也有成對的青年男女，摟着腰肢跳舞的，歌聲、笑聲和琴聲，混合成一片屬於拉丁民族特有的熱情浪漫風光。

大街兩旁的高大建築物上，大都電炬通明，屋頂和門窗上，用霓虹燈綴成的名號、商標和形形色色的廣告，無不五彩繽紛，絢爛奪目，各大百貨公司雖然已打烊歇業，屋內仍然燈光雪亮，隔着玻璃看到內部的裝飾和商品陳列，一目瞭然，各大小橱窗的照明設計，更是精美巧妙，極盡新奇誘惑之能事。愛好過夜生活的人們，大都趁此時機對各類商品盡情欣賞一番，等到明天或是手邊有錢時再來採購。

夜間的廣場更是人潮洶湧的場所，廣場上少不了彫像和噴泉，尤再各式各様的噴泉在經過精心設計的燈光下，形成萬紫千紅的水柱和水珠，往四方八面噴射飛濺，蔚爲奇觀。那個呈正方形的廣場，位於兩條大馬路的中間，四周有潔白的大理石矮柱圍繞着，每根石柱上都裝設電燈，整個廣場不知道共有多少盞燈，只見一片晶瑩雪亮，如同白晝。有不少人在此選取角度，拿出照相機，無非想留下一個美好的紀念，我們也拍了好幾張，馬德里風光旖旎的夜景，將在我們此次歐洲之行中，留下一個美麗無比的回憶。

二十一、西班牙遊踪

聖十字紀念碑

那天上午，天朗氣清，不冷也不熱，我們從旅舍乘旅遊巴士，前往距馬德里四十八公里的著名的烈士谷參觀，車子大部份在松林中駛過，一路青翠悅目，空氣涼爽而清新，隨着山風，迎面撲來陣陣松柏的芳香，覺得多日來沒有享受過這樣愉快舒適的旅程。

老遠就望見巍然聳立在山頂上的聖十字紀念碑，在蒼松翠柏的環繞下，顯得莊嚴肅穆，氣象萬千。巴士抵達後，停在十字架下的教堂前廣場上，我們下車後即步行進入，在門口抬頭望去，大門中間的上方，有一尊巨型聖母瑪琍亞懷抱聖嬰耶穌的石雕像，恰好位於十字架下面，設計家用意深刻，其對世人所昭示的意義，就是偉大犧牲、博愛世人的耶穌精神。聖十字架也稱大十字架，大概取其形象巍峨雄偉，「聖」則是指其爲擁護天主教及反共產主義獨裁暴政而掀起的戰爭，是一場自由與奴役、公理與強權、人性與獸性、光明與黑暗的生死存亡的聖戰，這個十字架正是一個崇高神聖的象徵。

這場聖戰是西班牙近代史上一場著名的內戰，一九三六年七月十八日，佛朗哥將軍在北非號召全體西班牙人民揭竿而起，誓死反共，當時駐守在多乃都的摩斯卡度上校，是一名堅決反共的老將軍，他的駐軍僅離馬德里共黨政權指揮中心約六十哩，他苦守危城達七十多天，紅軍俘虜他十七歲的愛子路易斯作人質，要挾他投降，老將軍不但不爲所動，反而在電話中勸告兒子，要他把自己交給天主，爲國犧牲，結果路易斯終於被紅軍所殺。老將軍這種大義滅親的偉大胸懷，激起了西班牙全國軍民的愛國熱忱及反共意志，一致團結起來，紛紛地起義抗暴，終將共黨政權推翻，這個聖十字架卽爲紀念在此次西班牙剿共戰爭中爲國犧牲的軍民而建的，也是頒贈給反共英雄摩斯卡度及其全體部屬的集體勳章，被認爲是西班牙歷史上最高的軍功勳章。

聖十字架的全部建築工程開始於一九四一年，到一九五九年始完工，其間歷時十八年之久，是西班牙北部四家極著名的建築公司所聯合建造，工程之宏偉浩大，雕刻的精緻美妙，早爲全歐洲大陸遐邇聞名，不僅建造工程屬第一流，所有雕刻石像也都出自第一流的藝術家之手。

聖十字架的底層是一座地下教堂，是鑿穿山腰成洞狀而深入底部所建成，資料上顯示，全長共達二百六十二公尺，直到目前爲止，被認爲是世界上唯一的一座地底最深的教堂，信徒們稱爲地下聖殿。那天參觀的人很多，入口處爲一張雕滿聖像的大銅門，門高約有三十呎，顯得氣勢莊嚴，尚未進入教堂內部，卽予人以肅然起敬之感。我們緊隨導遊員跨入大門，眼前一片昏暗，似乎什麼也看不清楚，等到定神望去，頓覺一番奇景出現，兩邊高牆上懸着形狀非常典雅別致的燈飾，燈光不強，呈現一片朦朧如夢的幻景。除燈飾外，更有巨幅壁毯畫掛在兩邊牆上，可惜遊人太多，不能久立細心欣賞，眞是遺憾。據說這些精美絕倫的壁毯畫，全部由手工織繡而成，所繡的人像及景物，無不栩栩如生，逼眞逼肖，人物臉部的嘴角眉梢，細小的皺紋及毛髮，都顯示無遺，手工之細，技術之精，令人嘆爲觀止。聖堂在最底層，由於建築技術高明，通風設備良好，當時正有許多信徒在進行彌撒，置身其間，並不感到氣悶難受，只聽見一片莊嚴肅穆的聖歌、聖樂聲，充滿崇高聖潔的宗教氣氛。

聖十字架上下有升降機可供乘坐，升降機設在教堂的背面，那天我們沒上去，據說十字架共高約三百公尺，不知這說法是否可靠，環繞在它基底四周的是四個巨大的雕像，是聖經上的四位聖者：馬可、路加、約翰及馬竇，每一座雕像有十八公尺高，在科技知識尙不發達的當時，不知道是怎樣安放上去的，也不知道花了多少功夫纔雕成的，其工作之艱巨，眞令人佩服，現在我們站在下面，抬頭仰望一會，脖子都覺得痠痠的。工程尙不止此，四位聖像的下面，又另有高約十呎的四位守護神，當然是日夜守護着埋在底下的烈士忠魂，以供世人瞻仰崇拜，直到永遠。據說入夜後，燈火齊明時，遊人在十里以外卽可看到此一象徵西班牙民族英魂的偉大聖十字紀念碑，光輝四射，絢爛奪目，嘆爲觀止，可惜我們此行無緣觀賞。

皇家修道院

艾斯葛利亞皇家修道院是西班牙菲律伯大帝二世所建造的一座皇宮，也是他晚年皈依天主在此潛修頤養之所，修道院之名，或因此而來。這位四百年前在歐洲大陸曾煊赫一時的，被認爲代表着世界史中所謂「西班牙時代」的人物，如今已經長眠地下，所遺骸骨深埋在此陵墓中，僅供人憑弔而已。

菲律伯二世的皇宮遺址，也在修道院緊鄰，他的陵墓也在此，是在一五六三年菲律伯二世爲紀念一次勝利的戰果而建造，全部建築工程耗時廿一年之久，從一五六三年四月開工，到一五八四年四月才完工，其間經歷建築師前後共二人，第一位去世後，由另一位繼任，都是當時非常著名的藝術大師，所耗經費及人工，當然十分可觀。全部建築物呈四方形，據說內部有十六個天井及院落，九個尖頂塔，一千二百張門，二千六百七十三個窗戶，所收藏的油畫名作約達一千六百幅之多。這座位於瓜達拉馬山麓的故宮，距離西班牙京都馬德里約爲四九公里。

那天當我們的遊覽專車抵達目的地時，先步行來到一個寬廣的前庭，抬眼望去，不禁有點意外的失望，因爲一路上在心目中所想像的皇宮，定然是豪華富麗，不可一世，不料外形竟是如此單調樸素，沒有一般皇宮的巍峨壯麗，據說大門是融合羅馬式及阿拉伯式建築設計的，其高度約達七層樓，分爲上下二部份，全部都是用灰黃色的花崗石所構成。跨入大門後，立即有一種幽暗陰冷的感覺，一間又一間的石屋，一道又一道的曲折小巷，有的狹窄到僅容一人走過，這種設計據說是西班牙文藝復興式的代表作品。

參觀菲律伯二世生前的寢宮，室內陳列着臥榻、桌椅、橱櫃及其他器物，所有這一切陳設，雖已顯得陳舊褪色，卻仍能想像皇宮生活的舒適享受，絕非一般平民所可比擬。一頂四方形的御轎，在汽車尚未問世的十六世紀時期，想來這不是皇室貴族所能乘坐的唯一交通工具，那時應該有馬車了吧。緊靠寢宮的一間，是菲律伯二世的辦公室，書桌仍然擺着他生前親手簽署的文件，一枝鵝毛筆和墨水瓶，靜靜地放在桌上，彷彿在等候剛剛離去的主人回來。

教堂也在寢宮的隔壁，中間設有聖母及耶穌的塑像，據說這是菲律伯二世自己親手設計的，爲的是他便於每天朝夕誦經祈禱，即使是曾經叱咤風雲、威名四播的大人物，也得在功成名就之後，尋找一個生命的避風港，求得心靈的歸宿和寄託，他信仰天主的虔誠心境，是頗令人感動的。

皇宮內的每一大廳天花板上，都繪滿了工筆的宗教畫，筆觸細膩，色彩清晰，其中有一幅壁畫全長約五十五公尺，是由兩位義大利名畫家所合繪，耗時達十一年之久，其繪作工程之艱巨浩大，可以想見。讓觀衆最感興趣的，還是皇室的日常生活情形，現在當然只能從室內的陳設情景來瞭解了，非律伯二世的女兒伊麗沙白的居室，有一廳二房，室內有風琴一架，床舖几案，簡單樸實，都非一般人所想像的豪華，壁上懸有伊麗沙白本人的畫像一幅，寬袖長袍，臉容秀麗，十分年輕可愛，另一幅則爲其父王及其妹二人，菲律伯二世神情輕鬆愉悅，顯示家居生活悠閒自在的一面。

至於菲律伯二世平日接見大臣及各國使節的大廳，則呈現另一種莊嚴肅靜的面貌，中央鋪一塊猩紅色地氈，並懸紅色帳幃一面，幃下有一張特別寬大的靠背皮椅，大概就是菲律伯二世的御座，對面則爲一排窗戶，廳內分設八張鋪有紅布的椅子，是入宮覲見者的座位。

我們在進入皇室陵墓參觀之前，都懷着些許膽怯恐懼，以爲是一處陰森可怖的地方，不料置身其間後，才恍然知道並非如此。陵墓位於教堂的底層，呈圓形，隨着導遊往下走去，一級級石梯究竟有多少級，在稍覺幽暗的走道中，沒法數得清楚，據說有三十多級，全部是白色大理石，兩旁是黑色大理石牆壁，有淡黃色的燈光，從壁間射出。走完最後一級石梯，眼前倏然明亮，墓地到了，一盞光輝絢爛的豪華水晶燈，高懸在正中央，將整個墓地照耀成一片堂皇富麗景象，深黑色大理石棺，擺放兩邊，每邊十二具，上下分成三格，成堆叠狀，每格內放石棺四具，彷彿現代都市中的高樓公寓。石棺呈長方形，每具都有腳架支撐，上鐫金底黑字，刻着歷代帝王及皇后的名號，男左女右，左邊的石棺裏躺着皇帝，右邊則爲皇后，不過其中有幾口石棺是空的，當然未刻名號，大概人數不足，尚在等待後來者塡補，據資料顯示，這皇陵的建築工程，中間經歷過三個朝代，從菲律伯二世時破土興工，到菲律伯四世始完成，但有幾位帝王並不埋葬在此。

至於皇室家族的墓地，是在另外一邊，也在教堂底層，其中以公主伊麗沙白的石棺最引人注目，因棺上塑有她的全身臥像一尊，並有薄紗蒙面，彷彿一位活生生的睡美人。其他是皇家的女婿、媳婦及堂兄弟等人的石棺，一律都是潔白雪亮的大理石，寒氣逼人，令人不敢久立凝視。

二十二、馬德里風光

廣場上的舞蹈

此次歐洲之行，所經過的各大城市，似乎有一個共同的特色，就是到處看到廣場，在羅馬、巴黎、倫敦及里斯本等名都大邑，莫不如此，只是多少的不同，我們此次在馬德里的大街上，也看到不少類似的廣場，想來廣場最大的用處，也許可以使緊張忙碌的都市人，獲得一個喘息和散步的場所，使心靈藉此輕鬆，精神爲之舒解。

那天下午我們在馬德里寬闊的人行道上漫步，聽到陣陣急驟而輕快的音樂聲，從前面不遠的廣場上送來，抬頭望去，只見那邊聚着不少人，同時一路上行人紛紛地前往，我們一時好奇，也快步走去看熱鬧，廣場的一隅，人羣圍成一個圓圈，正在如癡如醉地觀賞一場熱舞，圍觀的人，愈聚愈多，一層又一層人牆，大家彼此推擠，踮起腳尖，伸長脖子，我們既然來了，不甘作壁上觀，幾個人的手互相挽住，用力往前鑽擠，好不容易擠出一條縫隙，舒口大氣，決心抓住這大好機會。

從來沒有看過名聞遐邇的西班牙舞，過去只偶然在電影中見過一兩個鏡頭，究竟不如親身目覩來得眞實。舞者只有男女二人，男的大約二十五六歲，身穿筆挺的深色西裝長褲，褲腰高及胸前，黑色皮鞋的後跟約有三寸高，鞋頭尖而閃亮，上身着純白長袖襯衫，胸前及袖口都鑲同色花邊，金黃色的頭髮，長覆耳際，髮尾燙成波浪形，兩手都戴了戒指，究竟是幾隻，看不清楚，只見他每次揮動手臂，手上的戒指，一齊閃閃發亮，光耀奪目。再看那女郎，卻是一頭烏亮的黑髮，約在十八九歲，上身一件大紅綢衫，袖長及肘，袖口鑲白色大荷葉花邊，腰身以下是一襲寬邊黑綢長裙，從裙頭到裙邊，綴以銀色波浪形的寬花邊，裙下一雙赤腳，每個趾甲塗成鮮紅色，耳下一對特大銀耳環，手腕戴着銀鐲，腳上也是，在燦爛的陽光下，男女二人這身裝扮，顯得光輝鮮豔，尤再那女郎的全身，似要迸出火焰來。咔嗒！咔嗒！這淸脆的聲音，是從女郎手掌中的拍板發出的，疾徐有致的節拍，跟她的動作一致，聽來異常悅耳。

兩人時而對舞，時而又分開，無論對舞或分開，他們的默契都是無懈可擊，在一舉手、一投足以及四目凝視之間，那種協調、和諧，眞正到了絲絲入扣的地步，看來不像是兩個人在舞，他們的軀體和心靈，似乎已經融合成一整體。當女郎做一個急速的旋轉動作時，寬大而薄的綢裙在空中飛舞，揚起一個弧形的波浪，彷彿破空而起的海濤，纖細的腰肢，像蛇一般劇烈地扭動着，有時也猝然投入男伴的懷抱，讓他擧起，在空中作一個迴旋。充分表現出性感和魅力，不單屬於女郎，那青年男性舞者同樣表露了豐沛而強烈的青春活力，他的炯炯發光的眼睛和緊閉的嘴唇，在在都表現他男性的狂熱和粗野，他不僅跳，偶然也唱幾句，歌喉低沈而渾厚，充滿磁性，他的一舉一動，一哼一唱，都引起圍觀的少女們尖叫狂喊，瘋狂般鼓掌，有些女孩們跳起來，跟同伴互相擁抱、喧笑，而舞者便更加跳得起勁，也唱得更賣力，那聲嘶力竭的歌唱，彷彿要將肺腑吐瀉出來，唱到熱烈時，頭髮也跟着顫動，臉和脖子都漲紅了，汗水從額頭淌下來，伴奏的樂器有手風琴和吉他，節奏急促而輕快。在觀衆熱烈的掌聲中，夾雜着一些刺耳的口哨聲和歡呼聲，而這對拉丁族的俊男美女，正在舞到渾然忘我的境界，單就他們這份執着和狂熱，觀衆即使將手掌拍痛，將喉音喊啞，也是值得的，更有許多人將錢幣投入盤子裏，守在盤子旁邊的是一個年逾半百的老者，他歪戴着草帽，神態悠閑地抽着雪茄，我們都在猜想，那老人和這對跳舞的年輕男女是什麼關係。

仲秋天氣，廣場上是一片澄藍如洗的天空，雖有燦爛的陽光，並不覺得炎熱，更有和風陣陣吹拂，使人舒暢。在這裏我們不但目覩一場熱情洋溢，充滿浪漫氣息的西班牙熱舞，也領會了拉丁民族所特有的生活情調。同伴中有人說，傳統的西班牙舞有好幾種，舞者人數有一人、二人、四人等不一定，早期有一種非常著名而又普遍流行的所謂「好達舞」，這種舞蹈隨各地區的背景及地方色彩不同，而有不同的風格，最受西班牙人所喜愛，在許多正式典禮及社交場合中，必表演這種「好達舞」，伴隨這種舞蹈而唱的是充滿宗敎情操及民族歷史故事的歌曲。還有一種叫佛郎明哥舞，舞姿優雅美妙，動作活潑輕盈，配以典雅動聽的音樂，在西班牙民間也是一種相當流行的舞蹈。我們那天在廣場上所觀賞的一場舞蹈，是屬於那一種類就不知道了。

西萬提斯紀念碑

我們在馬德里逗留了兩晚三天，天氣出奇的晴美，每天不是參觀就是逛街，馬路寬敞整潔，人行道上也設有咖啡座，五顏六色的遮陽傘，在街邊撐起，我們爲了珍惜寶貴有限的時間，不坐下休息，大家相約到處逛遊觀光，來到一處公園門口，叫不出名字，只見園內花木繁茂，古樹綠蔭，風光優美明麗，我們便信步跨入，在園內漫步途中，竟然看到一個奇特的紀念碑，是紀念西班牙一位劃時代的文學大師西萬提斯。

說它奇特，是紀念碑上的彫像，不是西萬提斯本人，而是他書中的人物唐·吉訶德及其同伴桑佐判薩，彫像巍然豎立在一塊立方形的石基上，唐·吉訶德屈着左手，手中持一長矛，右手高高地擧向天空，五指分開，似乎在向世人演講或是昭示什麼，他騎在一匹瘦馬上，身材修長，臉也顯得清癯瘦削，一對眼睛卻烱烱有神，神態滑稽，有一種不可一世的英雄氣概，正表現了西萬提斯筆下那位冒險犯難的俠義人物。桑佐判薩則騎了一匹驢子，他立在唐·吉訶德左邊稍後的地方，頭上戴帽，神情顯得忠厚老實，彷彿有一種自甘認命的樣子。

我一面欣賞這兩尊銅像，一面想起這部在西班牙文學史上永垂不朽的偉構，曾經細讀三次之多，將留下的深刻印象跟銅像印證一下，深感藝術家的彫塑技巧，眞令人欽佩萬分，這栩栩如生的塑像，豈不正是西萬提斯筆下理想人物的具體表現？

西萬提斯一生窮愁潦倒，在戰役中受傷斷腕，又被海盜所擄，過了五年悲慘的奴役生活，逃回西班牙後，又被人誣告他跟拆白黨勾結而下獄，恢復自由後，在貧困度日之中，寫下這部西洋文壇上劃時代創作，正證實了我國古人所說「文窮而後工」的名言。這座紀念碑上的銅像人物不是西萬提斯，而是他書中的理想人物，這足以說明這部名著在西班牙人心目中是如何受重視，他們普遍而狂熱地愛讀這部小說，更熱愛書中的主人翁唐・吉訶德，他們紀念唐・吉訶德這個人物，毋寧就是對作者的文學精神和理想的尊崇和敬仰，所以作者有形的塑像並不重要。

這天公園中的遊人很多，走過銅像時，幾乎沒有一個人不佇足凝視一番，在他們心中所昇起的對一位偉大作家的崇敬之意，是可以想像到的。

鬪牛場一瞥

我們這次來西班牙旅遊觀光，導遊員沒有安排觀賞鬥牛的節目，我不覺得遺憾，只要閉目一想，那幕血肉模糊，驚心動魄的殘酷場面，就足够爲之膽戰心寒了，不看也罷。

那天下午我們從公園出來，大家認爲時間尚早，不願回旅館休息，有的是濃厚的興致和好奇心，便相約去看鬥牛場，雖然今天沒有鬥牛，看看那舉世聞名的人獸相鬥的場地，也算不虛此行。

僱了計程車，僅十多分鐘後，就抵達目的地，一幢呈灰褐色的古老建築，橢圓形，中間的場地舖滿黃色的沙土，中央那塊沙土呈猩紅色，據說是被血液染成的，是人血抑是牛血，誰也無法辨認。四周是觀衆的座位，愈靠近中央的座位愈好，因爲看得愈清楚，無論人和牛相搏鬥的每一個動作，都能觀察入微。在觀衆座位的前面，隔着鬥牛場中間有一圈空地，用木柵圍繞着，據說鬥牛士的助手們就在此處將刀和劍遞給他，這些木欄柵高約四呎，漆成紅色，大概牛是跳不過來的。

現在整個場地空無一人，一片黃沙，在太陽下閃閃發亮，場地面積之大，可容觀衆數萬人。離此不遠處，有一養牛場，專豢養精壯健康的牛隻，作出場鬥牛之用。場內有工人照顧，工作似乎很忙碌，一陣陣腥臭味，隨風撲來，聞之令人作嘔，我們只站一會兒，就快步走開了。

二十三、葡萄牙之旅

在里斯本

剛剛離開風光旖旎、色彩繽紛的西班牙京城馬德里，一旦置身於此一世界名都葡京里斯本，耳目所接觸的景物，似乎相當面熟，據地理書上所載，西、葡二國同處歐洲的西南部，又同位於伊比利亞半島，葡萄牙東部及北部國土都與西班牙接壤，由於地理環境大都相同，因此兩國的風俗習慣也大半相似，我們在馬德里街頭所見到的廣場、咖啡座和古老陳舊的教堂等等，在里斯本也差不多，葡萄牙人的宗教信仰，也以天主教爲主，在街頭巷尾常常看到一身黑色長袍的神父和修女。由於一般民俗比較保守，葡萄牙婦女們的穿着裝飾，都不及巴黎婦女的新潮大膽，往往遇見一、兩個迎面而來的妙齡少女或少婦，一身素淨的衫裙，皮鞋的後跟又粗又矮，姿態也不像巴黎女子的風情撩人，她們比較端莊穩重，看來整潔美麗而大方，那種樸實溫和的態度，會令你願意跟她親近而交上這個朋友。在比較偏僻的小巷及郊區，會偶然看到頭上頂着陶甕或盆桶等物的婦女，她們有的赤足而行，據說並不是窮得無鞋可穿，而是她們酷愛腳毛，腳上長毛愈多的認爲愈美，又只有赤足纔能讓人欣賞到，這種風俗，在別處尙未見過。老年婦女有留鬍鬚的，年輕者則無，這也是少見的現象。

那天下午，我們在導遊員安排下，來到一處熱鬧的市場，據說這類市場在里斯本不少，除掉有各類鮮花及水菓蔬菜出售外，更有成衣、鞋襪、布料及各類日常用品，應有盡有，更有手工精細的飾物及紀念品出賣，各個攤位排列成行，顯得井然有序。我們從行列中穿過，盡情地觀賞各種貨色，同伴中有特別喜愛首飾的，站在攤位前看了又看，又拿在手中把玩一番，雖然沒有買成，但那個中年攤主，仍然滿臉笑容，臨別時還對我們點頭微笑相送，服務態度之好，令人佩服。在一些專售紀念品的攤位上；看到用細銀絲製成並鍍金的各種飾物，有耳環、手鐲、戒指、胸針和項鍊等，每樣都精緻小巧，非常美妙可愛，同伴們聚在攤邊，爭相選購，售價相當公道，如以美金折算，更覺得廉宜。美金一元可兌換葡幣七十元，攤位上標價都用葡幣，一對耳環只標價三〇元，折合美金尙不及五角，合台幣也僅二十元左右，大家算來算去，都認爲價廉物美，買回去贈送親友最適宜。有人一口氣買了四個胸針，有人買了四對耳環，我特別喜歡那些精細的帆般，買了兩隻。據說這種用金絲做成的帆船，還有一種歷史性的象徵意義。原來葡萄牙在十五、六世紀時，航海事業十分發達，頗有海上王國的雄風，可是他們藉機四出掠取各洲的殖民地，却成爲海上強霸。這種帆船就是當年航海主要的交通工具，那時正是葡萄牙帝國的全盛時期，也許葡人認爲是一段光榮史跡，所以直到現在，仍以帆船作爲紀念。

在里斯本逛街時，不但覺得街上風光，很像馬德里，卽使街道上下坡起伏不定，也跟馬德里相彷。房屋建築除掉少數新式大樓外，大都呈現古老陳舊，許多街道都鋪方形石塊。不過平坦整潔，並不髒亂。寬敞的柏油馬路不多見，各種大小車輛却相當多，計程車和電車通行各大街小巷，往來穿梭，紅綠燈似乎很少，行人車輛，有互相爭道的現象，交通秩序不見得好。

葡萄牙人也有鬥牛的習俗，那天我們經過一處鬥牛場，一個面積相當寬大的場地，據說可容納觀衆萬餘人。座位是四周環繞，一層層往上昇去。廣場旁邊有小門，是牛隻的出入口處，此刻雖然沒有鬥牛表演，場中顯得空蕩，但仍然可以想見一番人獸廝殺的恐怖景象。據說葡人鬥牛跟西班牙稍有不同，他們雖也有騎馬和赤手兩種鬥牛方式，但最後却不將牛殺死，手段不若西班牙人鬥牛的那種兇殘可怖。

入夜後，在里斯本逛街，有些街道偏僻處路燈稀少，尤其小巷更是黑影幢幢，行人也不多，我們不敢走過，只在燈火輝煌的通衢大街漫步，經過廣場時，有景觀華麗的噴泉，高可數丈，在彩色燈光的照映下，顯得十分迷人，將附近的街道照得通明，如同白晝一般。有人說里斯本街頭的噴泉雖不及羅馬多，但其設計的精美和燈光的絢爛，並不比羅馬的噴泉遜色。我們此次歐洲之行，已經觀賞過羅馬、巴黎及馬德里等街頭的不少噴泉，但從來沒有看過相同的，尤其在夜間觀賞，更覺得五光十色，千姿萬彩，如今站在里斯本的噴泉夜景之前，也有同樣的觀感。

參觀皇宮

葡萄牙在歐洲大陸雖只是個小國，但在歷史上也有一段光輝的過去，它向來是君主立憲的政體，直到一九一〇年纔改爲民主國，在一五八〇年前未被它的強鄰西班牙所征服以前，一直在世界各地擁有不少殖民地，曾經稱霸一時。在歐洲也可算是個古老的王國。跟其他各國一樣，直到現在，葡萄牙的皇宮，仍然保有光輝燦爛的面貌，供世人憑弔瞻仰。凡是從世界各地來到歐洲觀光旅遊的人，沒有不以參觀各國古老的皇宮，感到最大興趣與好奇的。

我們在八月六日從西班牙來到葡萄牙後，第二天上午，就在導遊員安排下，乘巨型旅遊巴士，專程前往距里斯本市區約三十公里的辛達底拉貝娜皇宮去參觀，車子在公路上風馳電掣般前駛，我坐在緊靠窗口的座位，得以飽覽窗外風光。葡萄牙大概不是一個人口密集的國家，一路上所見，民宅住戶稀疏，却也山青水秀，景色迷人，途中見到一些婦女用頭頂物，比在里斯本街頭所見爲多。她們頭上頂的有菜籃、布包和瓶罐等物，走起來姿勢平穩，似乎毫不吃力。這些婦女，皮膚比較黝黑，大概因經常在戶外活動接受陽光較多之故，據說葡人有阿拉伯人的血統，因爲曾一度被阿拉伯人統治過，如此說來，似可佐證。

皇宮到了，遠遠望去，只見四周林木蓊鬱，一片青葱，風景秀麗如畫。皇宮的全部建築，巍峨壯麗，有如一座古堡。車子在一片廣場上停下，已有不少的遊覽巴士整齊地停放在那裡，我們下車，繞過各種大小車輛後，立即走近參觀者的行列，排在人們的後面，大約等了十多分鐘，即隨人羣緩步向前移動。抬頭望去，皇宮的正門前頂呈尖錐形，巍然矗立，據說葡萄牙的建築，有一種特殊的風格叫做馬奴埃式，不知道這座皇宮是否就是屬於這類，我這門外漢不敢亂說。跨入大門後，走過一道寬敞的長廊，長廊兩邊各有黑色細長的鐵欄杆，上有精美的鏤空彫刻，呈顯美妙的圖形。我們跟着導遊員，跨入一間又一間的大廳和房間，大廳中有巨幅壁毯畫，據說是用手工編織而成，其精細技術和美麗色彩，不在話下。有人物、山水、花卉和各種飛禽走獸，也有不少工筆宗教畫，每一幅畫面都顯出豐富的生命內涵，靈活生動。

宗教畫更是莊嚴肅穆，氣氛高雅聖潔，資料上記載，這些編織壁毯畫的工人，每個都是熟練的高手，慢工出細活，每人在一年之內，也僅能織成一平方公尺而已。可以想見一幅巨大的壁毯畫，消耗了多少人的精力和心血，只爲皇宮中的裝飾之用。各豪華大廳中都有水晶吊燈，各式各樣，沒有兩盞吊燈是相同的。試想一到晚上，宮內各大廳中的燈火齊明，會是一種如何燦爛豪華的景象。還有不計其數的銀質和銅質的鏤花燈，掛在四壁，由於維護功夫做得好，都光潔如新，有的在陽光的照耀下，燦然閃亮。桌和椅都是棗紅或棕色木頭製成，中間鑲嵌大理石，桌面的四角彫刻各種圖樣，桌腳沒有直線形的，都是弧形鏤花，精緻美妙至極，木椅的靠背很高，椅面寬大，上置很厚的絲絨坐墊，坐墊一般都是深紅或墨綠色，也有鵝黃色的，看來高貴堂皇。每張桌上都有陳設品，有銀和瓷質的瓶、盆及壺之類，一眼就看出沒有一樣不是上等精品，更有各種木彫古玩，形狀古樸而高雅，也有水晶器皿，但令人奇怪的是在所有的陳列品中，沒有發現玉器，也許我沒有看到，在我國古代皇宮中最受寵愛的一種珍玩，在葡萄牙的皇宮中却不見。

燭台也是爲數不少的陳列品，在一間大廳中，正中置一張鋪有鵝黃色絲質桌毯的長方桌上，一排陳列六隻銀質燭台，每隻高達兩尺多。有線條細致的彫刻花紋，非常美觀。西方人似乎喜愛燭光，未有電燈以前固不必說，即使有電燈後，仍然愛用蠟燭。此次旅遊中所參觀的大小教堂不下百處，沒有一處不燃蠟燭，其他如家庭及一些私人聚會場所如舞會及宴會等，也有用燭光代替電燈的。現在看到這些精美絕倫的燭台，可以想見當年皇宮中入夜以後，到處燭光搖曳，嬪妃貴婦，置身其間，一時衣香鬢影，會是怎樣一番浪漫氣氛！

聖地法蒂瑪

葡萄牙爲一天主教國家，在距離里斯本之北約一五〇公里處，屬桑大林省、烏來木鎭的一處著名聖地法蒂瑪，是世界各國天主教徒所嚮往仰慕的一個朝聖地，此地原是一個人烟稀少、地處荒僻的小村鎭，資料上記載，自從當地的三個村童目覩聖母瑪琍亞顯現聖跡以後，即轟動遠近，引起教會人士及一般世人的好奇。據說這三個村童在村中牧羊時一同見到聖跡，是一九一七年五月十三日至同年十月十三日，前後共有六次之多。他們的名字是十歲的路濟亞桑道斯，九歲的方濟各馬伯道，七歲的雅琴達馬伯道，後來方濟各及雅琴達在兩三年內先後去世。僅路濟亞由教會協助在修道院做修女，迄今已八十餘歲。由於這一聖跡顯靈，教會人士就在村中購地，興建教堂和挖掘聖泉，從此成爲舉世聞名的天主教聖地。

朝聖團前往法蒂瑪參拜瞻仰的那天上午，天氣陰暗，略有寒意，大家下車後，卽進入一所大教堂前的廣場上，只見人山人海，男女老幼不下五千之衆，全是從世界各地前來朝聖的天主教徒，有的婦女懷抱小孩，有的推着嬰兒車，有的推着輪椅，輪椅上坐着肢體殘廢者或年老體衰的老人，有扶手杖獨行前來的，有的雙膝跪地，兩臂高擧，祈求天主賜福的，最引人注目的就是那些雙膝爬行的人，從跨入廣場時起，卽開始跪地，上身直立，兩膝一前一後往前移動，我注意到一個中年婦人，爬行了十多分鐘，還不及三公尺左右，看她那種艱苦爲難的樣子，眞令人同情。她要一直爬進教堂爲止，在她前後爬行的人，大約有十多個。他們兩目直視，神情肅穆，爬行途中，不說話，不笑，不跟人打招呼，全神貫注，表示對天主的虔誠。爬行者都循一條直路前進，所有旁觀者都自動讓開，絕不容任何人打擾或阻撓，我看到一個四歲模樣的幼童，天眞不懂事，逕自奔跑上前，跨入行列，立卽被大人們拉開而去。

聖母瑪琍亞顯現聖靈的事，教會當局是在一九二二年開始調查，在一九三〇年十月三日纔向世人正式公佈調查的結果，證實三個牧童所見是可信的。就在法蒂瑪小村鎭內聖跡顯現處的周圍附近，購下一百八十餘畝土地，並建造圍牆和牌坊，又設立醫院一所，居民也日漸增多。同時由於前來朝聖的教徒，絡繹於途，使此一原本荒涼的小村，漸漸形成一個頗具規模的社區。有出售各種飲料及紀念品的商店及攤販，吸引不少信徒前來採購，留作紀念。我們當然也不例外，在一些廉價的攤販前，大家興趣十足地挑選紀念品，臨走時，樂得那個胖婦攤主連聲道謝。

二十四、葡京里斯本遊踪

迷人的夜景

入夜後，在里斯本的街道上漫步，有如置身一個夢幻世界。這個在歐洲大陸的小國葡萄牙的京都，並非富裕，工商業也不算發達，但街頭巷尾却洋溢着色彩繽紛的浪漫情調；尤其當華燈初上時，到處是閃爍輝耀的霓虹燈，各大小商店門前的裝飾燈彩，橱窗內的燈光設計，都極具匠心，美妙精致而不粗俗，頗有藝術氣氛。

旅行團抵達里斯本的第一晚，晚餐後大家都不願回旅舍休息，相約結伴出遊逛街。在導遊的帶領下，我們首先沿着一條窄狹的小巷走去，出巷口，便置身於車輛如織的大街上，據說這是里斯本的市中心區，這時正是夜市開始，兩旁的人行道上，行人來往不絕。一般行人道都相當寬敞，露天的咖啡座到處都是，多半設小圓桌數張或十餘張。西洋人講究生活享受，座中客神態悠閒，一邊喝咖啡聊天，一邊觀賞夜景；年輕的情侶們，有的勾肩搭背，情話綿綿，作渾然忘我狀；獨坐者大都是中老年人。有時咖啡座旁有演奏吉他的街頭音樂家，這些人衣冠不整，臉上流露着一片落寞神色，但悠揚的音樂，替街頭平添一分熱鬧氣氛。可惜同伴們似乎都不欣賞，我也只能跟隨大家匆匆地走過，無法竚足聆賞。

里斯本的街頭夜色，很像西班牙京城馬德里，眞是綺麗迷人，我們來到皇宮前面的廣場上，美麗的噴泉，在五光十色的燈光照映下，顯得千姿萬態，華麗無比。有的噴泉高達數丈，水花四濺，滴滴水珠，從高空灑下來，遠望如霧如霰，又像千萬條銀絲，紛紛飄落。葡萄牙從一九一〇年開始，改制民主，皇室雖然不復存在，但皇宮依然保存下來，當年的帝王生活和皇室風光，也可從這個廣場的夜景，想見其豪華富麗了。

街邊的睡嬰

根據資料顯示，里斯本在一七五五年間，經過一次大地震，全城的建築物及街道，幾乎全被損毀，可是奇跡一般地只剩下唯一的一條街保存完整。災後，有貴族名流巴拉公爵斥資大力重建，使此一歷史名都得從一片廢墟中重新建設，一切都照當時的新型都市標準，予以建造，而碩果僅存的那條街，或應當地居民要求，或因市政當局有意保存古跡，竟讓它維持原狀，既不拆除，也不改建，迄今二百餘年來，一直保存原樣，居民也世代繼續定居，竟成爲現在里斯本市的一項奇貨可居的觀光資源；本地人叫它爲舊街。凡是從世界各地前來旅遊的觀光客，都懷着好奇的心情，一往遊覽參觀。我們抵達里斯本的第二天下午，當領隊的神父問誰有興趣前往舊街觀光時，我第一個舉手贊成，不料旅伴們興趣缺缺，結果連領隊在內，只有四人結件前往。

首先我們走過一段高低不平的石板路，愈走愈狹窄，跨上一個斜坡後，抬頭望去，一個僅容二人並肩的街口，在午後的陽光下，靜悄悄的像正在打呵欠的一張老人嘴。灰白色的牆壁，峙立兩旁，我們跨入街口後，狹窄的街道，兩人並行都爲難，不待領隊說明，便知這就是兩百多年前留下的古跡舊街了。脚下的方形灰白色大石板，已被踏得光滑平整。兩旁一律是磚造平房，狹小的大門，成年人勉強可以直身進入，不致碰痛頭。長方形小窗，裝有木條，不見玻璃，也沒窗紗和窗帘；室內幽暗，從窗口往裏看，什麼也看不清楚。我不甘心錯過機會，停在一張半掩的木門前，探頭望去，看到一個年輕婦女，正懷抱嬰兒餵乳，她坐在矮欖上，屋裏靜悄悄的，藉從窗口射進的微弱陽光，我們彼此對望了一下，我立卽笑笑表示抱歉，就走開了。在一個轉彎的街角，有一口方形的井，井口高出地面，有兩個婦人坐在井邊聊天。再往前走去，聽到一陣談笑聲，從一張大門傳出，我又是要命的好奇，從門口望進去，看見幾個老者，正圍着一張方桌喝酒，有濃熱的酒氣撲來，他們酒與方酣，並未發覺有人窺看，我很快離去了。在另一家的門邊，四周寂然無聲，有一張鋼質的搖籃擺在門外，搖籃內有個約莫半歲白胖可愛的嬰兒在沈睡，除胸前的肚兜外，全身赤裸，神態安詳舒適；我一時興起，立刻促請同件拍下這珍貴的鏡頭（這究竟是誰家的嬰兒？爲何附近看不到一個人影？）。我們一路走來，整條街上只見到三五個老年男女，不見任何交通工具，連腳踏車也沒有，據說一因路面太窄，二因地勢高低不平，不能行駛任何車輛。居民中的青壯男女，都出外工作謀生，要到傍晚下班後纔回來；也有年輕力壯者遠走高飛，再不重返這古老落後的故居。如今留在舊街的居民，祇有寥寥可數的老弱婦孺了。

演唱名謠的歌手

葡萄牙在歐洲大陸曾是一個文化燦爛並有輝煌歷史的國家，尤其十五六世紀時，由於航海事業發達，有海上王國之稱；民性勇敢豪邁，活潑熱情，人們的民謠演唱，別具風格；偶然在里斯本的街頭或廣場的一角，可以看到青年男女演唱的場面，照例有一羣民衆圍觀，鼓掌助興。演唱時多用手風琴伴奏，少女身上的服飾鮮艷而端莊，沒有袒胸露臂的大膽作風，連腿部都不裸露，長統襪達到膝蓋，頭上的白紗巾也長垂肩背，上身是長袖襯衫，多爲素色，裙子遮過膝部，有繡花或花邊裝飾，看來美麗大方，又樸實可愛。據說每逢集會或特別假日，或在親友的婚禮中，是他們演唱民謠最多的場合。清脆輕快的歌聲，襯着悠揚美妙的手風琴旋律，充分流露了葡萄牙人樂天知命和熱情活潑的民族特性。

二十五、花都巴黎攬勝

七月卅一日上午八時左右，朝聖團的旅遊巴士從瑞士的英格堡經琉森前往蘇黎世，車子一路在青山碧水之中盤旋，賞心悅目，不覺很快就到達目的地，蘇黎世不失爲瑞士一個大城，機場上旅客擁擠，飛機起落頻繁，我們在此候機飛往巴黎，候機室所有的座位都不空，直等到一批旅客走了，我們才有機會坐下休息。有機場服務員推來一個大木架，架上放了許多紙包，當初我們都不知道那是什麼，看到其他旅客紛紛上前自取，並撕開紙包，抽出包內食物就吃，這才知道是機場免費供應的糖果，任旅客自取，同伴們於是都前去取食，是一種香脆可口的巧克力糖棒，有人取食之外，更帶走一兩包，亦無人干涉，這是別處機場所沒有的。約在十時左右登機，午後一點多，卽降落巴黎戴高樂國際機場，據說戴高樂國際機場分第一及第二兩個，這是那一個就不清楚了，旅途中大家行色匆匆，想找人打聽也不容易做到，只覺得機場氣派之大，建築工程之新潮，是從未見過的。在巴黎停留二三晚，凡是比較重要的名勝古蹟，都留下了我們的足跡。

我們首先參觀聖母院大教堂，這所校堂雖不是巴黎所有教堂中最大最古老的一所，却因法國大文豪雨果所寫的一部不朽名著小說「鐘樓怪人」而名聞全球。那天到達聖母院大校堂前的廣場時，天正下著濛濛細雨，頗有涼意，但遊人如織，並未因雨而減少遊興。從大教堂正前面看去，有二個高聳的方形鐘樓，據說高約二二七公尺，入口處有三張又高又寬的穹形大門，門上有許多精美絕倫的浮雕圖案及一座聖母像，鐘樓內有銅鐘四個，想起雨果小說中的怪人，每天敲的大概就是這些鐘了。整個教堂的外貌宏偉壯麗，氣勢非凡，不過顯得陳舊灰黯，如同飽經風霜的老人。據資料顯示，教堂工程奠基於一一六三年，完成於一二五〇年，其間經過請八七年之久，可見工程之浩大艱巨。跨入堂內，只覺到處幽暗陰涼，長廊粗柱上，盡是精緻的雕刻，天花板上也滿是彩色繪畫，堂中雖然寬大，但信徒衆多，仍然擁擠異常，似乎每一個角隅，都是人頭鑽動。大小祭壇甚多，正祭壇是巨大的花崗石及大理石交相砌成，兩邊的彩色玻璃窗呈狹長形，顏色以朱紅及深藍爲主調，顯得典雅聖潔，充分流露着濃厚的宗教氣氛。牆壁也用彩色玻璃砌成巨幅的聖經故事畫面。導遊人員是旅行社僱請當地一位法籍女士，她自稱在臺灣受過華語訓練，中國話說得相當好，她的中文名字是葛小清，年卅餘，一頭清湯掛麵式短髮，服飾樸素，毫無巴黎女性的時髦習氣，十分難得，在聖母院大教堂中她帶領我們到處參觀，同時講述各雕樑、刻柱、銅像、壁畫、石棺、聖座及祭壇等古蹟歷史故事，口述指劃，相當賣力，可惜遊人太多，我們的前後左右，人潮洶湧，到處是導遊員在解釋說明，人聲嘈雜，我們儘量站近，聽葛小清的說明，仍然因干擾太多，無法聽得清楚。

聖母院大敎堂每天都有成千上萬的信徒出入，同時可容納九千人擧行彌撒，收藏有關宗敎方面的藝術品有九萬件之多，據說法蘭西歷代帝王多在此擧行加冕典禮，上流社會名人也有在此擧行葬禮的，一八〇四年拿破崙稱帝登基，也在此擧行。聖母院大敎堂位於塞納河畔，四周遍植花木，綠樹成蔭，樹下設有椅櫈，以供遊人休息，遊客到此，一邊可以瀏覽塞納河的旖旎風光，一邊又可欣賞聖母院的宏偉壯麗，沿着河堤散步，不失爲一件賞心悅目的事，可惜當天我們要去參觀的名勝古蹟很多，只得匆匆地離去。

凡是來到巴黎觀光的遊客，沒有不一遊羅浮宮的，這是一個著名的博物館，那天我們參觀過聖母院大敎堂後，卽前往羅浮宮，該宮也位於塞納河畔，爲歷代法國帝王陸續建造完成，據說其間歷時二百六十多年。那天我們仍由導遊員葛女士帶領，因爲遊客太多，她手中高擧小旗，在前開路，我們得快步跟隨，稍一遲疑大意，就失去目標，卽會陷入人海中迷失自己。進入宮內，她每到一處都會解釋說明，可謂相當詳細，對法國歷史故事也很熟悉。她說法國歷代帝王，都講究宮室豪華氣派，重視生活享受，其中尤以驕奢淫逸的路易十四最著稱，他曾不惜耗費巨資從羅馬聘請當時第一流建築師及雕刻家貝尼尼爲他設計，後來又認爲貝尼尼的風格太過羅馬化，跟羅浮宮原有的氣派不調和，而未採用，由此也可見他對此是如何的重視和考究了。自從法國大革命以後，法國政府將歷代帝王所搜集的藝術珍品及寶物，都集中收集於此，後來又不斷增添，便成爲今日擧世無匹的博物館，其中僅以雕刻品一項而言，其數量之多及技術的精美，更是世界各國的博物館所難比擬。在一間小陳列室中，我們看到了全世界聞名的維納斯女神雕像，兩臂已斷，耳朵也有缺損，但絲毫無損於這件藝術品的完美性，上半身赤裸，下半身有摺紋細緻的布巾遮蓋。據說這尊古代雕像，是在一八二〇年出土的，被認爲是公元前二世紀的遺物，作者的姓名，已無法考證。維納斯女神又被世人公認爲女性美的象徵，現已成爲一般藝術家眼光中的珍品，在羅浮宮這間小陳列室單獨展出，據說這間小室是以前法國某君王的一位寵后的浴室，室中一切器皿都用純金製成，現在金器已不見，僅遺下一段宮闈豔史的流風餘韻，而被公認爲高尚聖潔的維納斯女神雕像却陳列在此，令人不可思議。

在羅浮宮展出的藝術品，是從西方古代直到文藝復興時代，集所有藝術傑作之大成，每間陳列室佈置得典雅整潔，裝璜也精緻細膩，壁上掛的油畫多以古代貴族人物爲主，都屬工筆寫實，所繪紳士淑女及貴婦名流，即使肩梢嘴角、一顰一笑之微的神情，都表露無遺，至於用以配合人物活動及襯托氣氛的景物，如西方一般家庭所寵愛的貓、犬及鳥類，室中陳設的家具及日常生活用品等，無一不描繪逼眞維肖，栩栩如生，令人看得目瞪口呆，嘆爲觀止。想來這位法籍導遊女士不是吹的，她說即使倫敦、紐約及華盛頓的任何一家博物館，都比不上羅浮宮藝術品之精美及收藏之豐富，這話的眞實性，只有待內行人士來評斷了。根據她的解釋介紹，羅浮宮的建築本身就是一項藝術品，具有法國建築特殊的風格，採用當時最富創意的對稱和疊置方法，拱門的構造受文藝復興時代的建築風格影響，到路易十四和路易十六時代又將庭院修建成正方形，更呈現出一種嚴肅端正、格律均衡的風貌，被認爲是古典主義派的法國建築的代表作品。要將羅浮宮的藝術品仔細觀賞一番眞不容易，既費時間，又因遊人太多，不容易多作逗留。藝品共分五部份陳列，每一部份闢一專室，從第一到第五各室的展出品都不同，有的專陳列繪畫及素描作品，有的是歷史性的文物，有的則專爲文藝復興時代作品，例如其中最珍貴的是米開蘭基羅的摩西雕像，還有一具表情痛苦作掙扎狀的奴隸雕像，都使人留下深刻難忘的印象。至於舉世聞名的義大利畫家達・文西的「蒙娜麗莎的微笑」畫像，其神祕迷惘的眼神，也使人佇足久觀，爲之神往。米開蘭基羅自己的半身塑像，爲他的得意門徒所創，顯得神情煥發，英挺非凡，眞不失爲一代藝術天才。使大家最感興趣的是那些中古時代法國皇家貴族所用的金銀器皿、銅器、象牙雕刻、琺瑯製品、陶磁器、織錦與家具等，有的專供裝飾陳設之用，有的是日常生活用品。巴黎向來就是法國歷代帝王的京都，皇室貴族生活的奢侈豪華，物質享受的豐足富裕，都可從這些陳列品中，窺見一斑，光芒四射令人目眩的純金器皿，五彩絢爛，花團錦簇的織錦衣物，精美無比的象牙及琺瑯製品以及富麗寬大的桌椅橱櫃等家具，都屬十七、十八世紀的古物。其中有專陳列埃及、希臘及羅馬等文明古國的雕刻藝品等物的，其收藏的豐富，看來似乎的確凌駕紐約著名的大都會博物館之上。

二十六、巴黎探勝

凡爾賽宮風光

旅行團的專車從巴黎市區出發，南行十二哩（一說約十八公里）即抵達風光綺麗的凡爾賽宮。

法國籍的導遊葛小清小姐會說相當流利的中國話，實在難得。那天上午九時許，專車駛抵凡爾賽宮前面的廣場，原以爲我們到得最早，葛小姐昨天曾告訴大家，參觀凡爾賽宮，一定要趁早，因此今晨我們特別早起，心情也愉快興奮，不料抬眼望去，廣場上已停放不少遊覽巴士了。在導遊帶領下，我們一刻也不停留，立卽雜在擁擠的人羣中，依次進入。走過廣場時，發覺地面全由小石塊舖砌而成，有些崎嶇難行，廣場中央有一座路易十四的銅像，高踞馬背上，英姿煥發，威儀非凡，令人緬懷此一代法國君王，五歲登基，在位達七十二年之久，其文治武功，曾炫耀一時。進入宮內，大家不禁眼睛一亮，立卽爲當前的金碧輝煌氣象所震驚，一間又一間大廳及房舍，似乎永遠看不完，導遊小姐一邊帶領我們逐間參觀，一邊不住地說明介紹。可惜人多聲雜，不能完全聽清楚。據說宮內共有大小房間及廳堂數百，原爲法王路易十三的狩獵行宮，到公元一六六一年時，路易十四即位後，在此大興土木，建造此一壯麗豪華的皇宮，歷時二十二載（自一六六八——一六九〇）。據說凡爾賽宮最大的特色，就是自然人工化，意思即儘量將自然景物予以人工大力改造，凡是一草一木，莫不經過一番精心的修飾，絕不讓它自然生長，一改其原有的天然面貌，使之構成各種圖案及形相，宮中各庭院及花園中的花草樹木，一律如此。

我們聽從領隊神父的吩咐，兩人一排，互挽著手，一廳又一廳的跨入，只顧抬頭東張西望，一時不知從何看起。導遊員每停在一幅壁畫或一具雕像前，指手劃脚，說得頭頭是道，每一廳的陳列品各有一個重點，譬如明鏡廳，所陳列的各式各樣鏡子，四邊牆壁上所懸掛的大小不一，精美絕倫的鏡子，不僅式樣有圓、方、橢圓、扁、三角及心形，而且每一面鏡的框架，也經過彫刻及鑲嵌等精細功夫，我在許多明鏡中看到一面長圓形裝金屬框架的鏡子，四周嵌有無數紅藍等色的寶石，也有鑲碎鑽的，一架巨型的古鏡，高及人身，晶亮的鏡面，刻着花草圖案。再抬頭一望天花板，竟然畫滿了各種女體人像，多爲半裸、體態豐腴，嬌媚百出，色彩尤其鮮麗無比。明鏡廳是國王加冕及簽訂條約都在此擧行，所以特別著稱。另外有鐘廳，全廳沿四壁懸掛各種各樣的鐘，方圓大小，各顯特色。其餘各廳有的陳設傢具，有的陳設彫像及壁畫等，只因參觀的遊客太多，每一廳都不容許多作逗留，細心觀賞，當我剛在一具彫像前站定，後面及左右兩旁就有人潮湧至，就想多看一眼都不可能，只在心中暗嘆可惜。

凡爾賽宮之所以名聞遐邇，擧世皆知，除掉其收藏豐富，古物及藝品精美無匹之外，其主要原因是具有歷史性的不少國際重要條約都在此簽訂，譬如一七八三年美國宣告脫離英國而獨立，跟英國簽約，一八七〇年普、法二國休戰簽約，又一九一九年第一次世界大戰結束所簽的和約，卽著名的凡爾賽和約都是在凡爾賽宮的明鏡廳擧行的，而第二次世界大戰時，盟軍總部，亦設在此，想當年顯赫一時的各國政要，冠蓋雲集，使此一豪華富麗的法國皇宮，在歷史文物的幽光古趣中，更增添不少政治色彩。

進入凡爾賽宮參觀的遊客，因爲人數太多；爲避免各廳內過於擁擠及保持秩序起見，必須在宮外大門前排隊，兩人一排，依次進入，那天我們在廣場上就接上長龍，排在人們的後面，邊走邊停，緩步前進，一刻功夫，我們後面又接上好長的龍尾。進入宮內，除掉視覺享受外，並不舒服，空氣汚濁，人氣也難聞，旣不許照相，又要受管理人員的干涉，禁止用手觸摸任何器物，不得大聲談笑，人羣前擠後推，必須快步跟上自己的團體，否則一下落單，麻煩可大了。

好不容易在擁擠倉促之中走馬看花一遍出來，一來到皇宮後面的御花園，身心立卽爲之一爽，面對嫣紅姹紫，嬌艷欲滴的花木，將從宮內帶來的濁氣，一掃而空。佔地一百餘公頃的御花園，春、夏、秋、冬四季，花木不斷，雖然一草一木，都經人工精修細琢，卻沒有絲毫庸俗的匠氣，花畦、草地、噴泉、彫像，還有波光灩瀲的池塘，一條一英里長的人工運河，河岸一片靑葱蓊鬱，奇花異草，遊人漫步其中，幾疑置身人間仙境。我跟同伴們在此徘徊觀賞，如果不是領隊一再催促，眞不願意遽然離去。

凡爾賽宮在法國歷史上佔有重要的一頁，並非完全由於它的建築宏偉壯麗，收藏古物藝品豐富，實際上，在三百年前，便已是歐洲大陸政治及文藝的中心，法王路易十四在一六二八年即正式以凡爾賽作爲皇宮，嗣後路易十五及路易十六二代，也都以此作爲宮廷，法國大革命後，拿破崙好戰喜功，一時威震歐陸，他要將自己的文治武功，留傳後世，因此在凡爾賽宮的牆壁上，大事鳩工繪製巨幅油畫，用以誇耀他的勳業，結果竟是功敗垂成，徒然落得一場悲慘結局，想今天一般遊客，看到那些渲染誇張的畫面，也將不禁爲此一代英雄，唏噓不已。

在參觀凡爾賽宮後，返回巴黎市區的途中，我們看到了一座景物特別幽美雅致的別墅，導遊員指給大家看，那就是當年拿破崙及其寵后約瑟芬的新婚燕爾之所，他們彼此相愛至深，在那裏度過一段甜蜜美好的生活。據說他們的婚姻關係並沒有維持多久，曾經一度纏綿悱惻的愛情，終於風消雲散，以離婚結束。被離棄後的約瑟芬仍然定居於此，度着她孤單寂寞的歲月，一直到死爲止。那天我們因爲行程緊湊，無暇下車進入別墅參觀，據說迄今在別墅中仍然保存他們生前的原樣，一切廳堂陳設及傢具用品等，都毫未改變，我們雖未親眼目覩，但在導遊員的詳細介紹下，也可想見其豪華富麗。據說在一八一五年拿破崙滑鐵盧一役大敗後，在被囚禁於南大西洋中的聖赫勒拿小島之前，還在此別墅中度過五天。

凱旋門盛況

跟拿破崙有關的另一象徵勝利與光榮的歷史古跡——凱旋門，也是我們此行列爲重點的觀光對象，那天下午，風和日麗，從旅遊巴士下來，立卽置身於熱鬧擁擠的羣衆中，據說從世界各地前來巴黎觀光的旅客，無不以一遊凱旋門引爲快事。老遠就看到兩邊的浮彫石像，巍然聳立。我們沿着一條叫香榭麗雪大道的馬路前行，這條大道全長三公里，旣寬且直，可並行十二輛汽車，路上人車絡繹不絕。

凱旋門的規模宏偉，氣勢非凡，高五十公尺，寬四十五公尺，爲一八〇六年拿破崙所興建，完成於一八三六年，工程進行達三十年之久，是拿氏爲紀念其戰功而興建的，可惜他卻在一八二一年去世，未能目覩此一偉大工程完成。

凱旋門位於萊都埃廣場中心，爲十四條（一說十二條）大道的交會點，四周有一百多根矮石柱環繞，每柱之間有鐵鍊相連，據說是爲防止行人及汽車闖入，旣爲安全着想，也是爲了維護紀律。東、南、西、北四方都有門出入，整個建築基地爲圓形，本身是一個高大厚實呈正方形的石坊，中間呈穹窿形，坊內設有電梯，可供遊人上下，石坊的四壁佈滿浮彫塑像，全是武裝的英雄人物，穹窿頂上又是用石膏塑成的各種戰爭圖樣，凡是拿破崙一生的戰功事蹟，都在此表露出來，用以留作永遠紀念，並供世人觀賞。穹窿上端有一小型博物館，爲一長方形大廳，中央置一大玻璃櫃，櫃內陳列一座凱旋門模型。大廳四壁懸掛許多巨幅油畫，全部都是描繪拿氏的戰史功績。緊靠四周的牆壁，繞以一個狹長的玻璃橱櫃，裏面陳列拿氏生前的勳章、獎狀以及他個人使用過的各種武器及軍服等。凱旋門下面有一無名英雄墓，墓與地面齊平，墓碑也在地面上，紀念第一次世界大戰中爲國犧牲的法國軍人。

那天傍晚，我們恰好遇上他們警衞的交接儀式，觀衆分立兩旁，形成兩堵人牆，工作人員將墓前的長明燈點燃，只見火光一閃，同時鼓聲及軍號聲大作，兩隊警衞兵士，全副武裝，行動端莊愼重，氣氛嚴肅，另有身着禮服，頭戴禮帽的官員數名參加，中立者似爲主祭官，全部儀式不過三分鐘完畢。據說巴黎市政當局設有專人負責其事，而且每天都有參加過第一、第二兩次世界大戰的退役老兵，前來獻花致敬，備極隆重。現在巴黎遇有國家慶典，都在此擧行。

二十七、巴黎街頭

在花都巴黎的街頭漫步，的確是一種難得的享受，既可領會古典美的氣息，又可欣賞浪漫美的情調，它是個融會在古典與現代於一爐的怪物，也因此更顯得此一世界名城的五光十色，多彩多姿，要證實這點最好站在塞納河畔，抬頭望去，有高聳雲霄的艾菲爾鐵塔，有富麗堂皇的羅孚宮以及莊嚴宏偉的聖母院等古老建築，這些都足以引起遊人發思古幽情的，可是只一轉臉北望，距離塞納河北岸很近，兩座現代化的高大建築物「市場大厦」及「龐畢度現代藝術中心」，用纖維玻璃及鋼筋組合而成的超級摩天大樓，赫然呈現在人們的眼前，令人有從歷史中突然跨入現代的迷惘感覺，無論就理智與情感來說，都有一種不易適應的感受。那天午後，我跟同伴們上街購物，順便觀賞街頭風光，我們來到著名的香榭麗雪大道，由此可以走到凱旋門，大道兩旁的綠地，既平坦又寬闊，一排排茂密的梧桐樹，修剪得整齊美觀，在草地上灑下大片大片的綠蔭。草地過去就是寬敞的人行道，在這裏才眞正看到了巴黎人的眞實生活，沿着人行道每三五步之隔，就有一個咖啡座，整潔的桌椅旁，擺着鮮花綠葉的盆景植物，座上有相擁而坐的年輕情侶，有喝喁敍舊的老年夫婦，也有高談闊論的知心友伴，人人手上一杯咖啡，雪茄叨在嘴邊，偶然也看到一兩個孤獨老人，沈思默坐，對滿街人車和鬧熱，漠然無動於衷的。形形色色的商店，都有精心設計的橱窗，巴黎以香水出名，同伴們每經過一店，必先看是否有香水樣品陳列，遇到專以出售香水爲號召的公司商號，必定進去參觀選購，櫃檯上擺出的各色香水瓶，其色澤和樣式，眞是琳瑯滿目，令人眼花撩亂。玻璃櫃中陳列的屬高級精品，每瓶都標明價目，絕不還價，成交後贈送小瓶香水，裝在印刷精美的紙匣中。香榭麗雪大道在白天行人比較稀少，入夜則人潮洶湧，熱鬧非凡，沿街更有電影院、旅館、報館、航空公司及夜總會等機構，這一帶是巴黎的精華區城，當黃昏來臨，萬家燈火燃起之後，人行道上衣着華麗，裝飾入時的淑女貴婦，有如穿花的蝴蝶，遍地飛舞，不知道吸引了多少遊人的好奇眼光。

走在巴黎街上，幾乎抬頭就可望見艾非爾鐵塔，據說此塔是巴黎最高的建築物，是一八八九年在巴黎舉行世界博覽會時興建的，高達三百公尺，塔身分三層，有電梯可直達塔頂，當時就吸引了世界各國的觀光客達二百萬人，據鐵塔管理當局統計，到一九五二年爲止，六十三年內參觀此塔的遊人有一百十二萬九千六百多人。登塔遊覽所收門票愈高層愈貴。全塔所用鋼條達一萬三千根之多，塔身愈高愈小，卽上窄下寬，塔頂高聳雲霄，登上塔頂，將巴黎全市景物，一覽無遺，不坐電梯，也可以從扶梯一步步爬上，不過共有一七一一級，幾乎沒有一個人能有此體力爬上去。艾非爾鐵塔的雄偉壯觀，不僅是巴黎的驕傲，同時在整個歐洲大陸，也算是首屈一指的建築鉅構了。

我們一路逛街，總覺得有觀賞不盡的風光景物，看到沿街的露天咖啡座，滿座的食客，不但不感到擁塞雜亂，反而覺得這是巴黎街上不可缺少的一種景色，如果沒有這些咖啡座，座上沒有這些服飾新潮的男女，沒有這些拉手風琴和彈吉他的流浪音樂家，巴黎的街景又將怎樣呢？我終於忽然領悟，巴黎被稱爲花都，就因爲它的多彩多姿和五光十色的街頭風光而來。我們爲了新鮮好奇，在導遊員的安排下，在一處咖啡座上坐了下來，剛一坐定，就有年輕的侍者跑過來，態度十分和藹親切，問我們要什麼樣的咖啡飲料，分爲加糖、加牛奶和純咖啡，或是什麼也不加，侍者是個十多歲男孩，臉上堆着帶點羞澀的笑容，能說簡單的英語。坐在街邊，面對滿街的車水馬龍，行人往來如織，從各種不同的膚色，陌生難懂的語音，千奇百怪的服飾裝束看來，纔眞正體會到此一舉世聞名的國際名城，的確名不虛傳。我們僅坐下不到三分鐘，就有一個身材瘦長，長髮披肩的青年男子，手中提着一把吉他，就站在我們旁邊彈奏起來，導遊員對他笑一笑，又揮一揮手，示意要他離去，那青年吉他手也很知趣，就默默地走開了，據說如果讓他彈下去，到後來一定要付錢打發他，當然也有不付賞錢的，但總有些說不過去。

提起巴黎的特殊風光，總讓人想到香水、女人和葡萄酒，這說法似乎有幾分寫實，法國女人的服飾摩登和風姿綽約，的確是巴黎街頭的一項景色，法蘭西民族在歐洲大陸各種族中，體格算是比較矮小的一族，而法國女人的身材嬌小，有如香扇墜，更是歐陸各國女性中的一特色，我們在街頭巷尾走過，隨時可以碰見身軀嬌小，婀娜多姿的巴黎女郎，當她們擦身而過時，準會一陣香風撲鼻而來，據說巴黎的女人跟香水分不開的，她們一天之內不但在早晚要用不同的香水，更視各種不同的社交場合，選用各種不同的香水，用以顯示她的身份，所以巴黎的香水也分成好些種類和等級，香精是最高級的，價格當然特別貴，其次是香水精，再次才是香水，巴黎上流社會的婦女，都用牌子最好，價格最昂的上等香精，這樣才能表示她的高貴身份和地位。在巴黎香水並非女士們所專用，男士們一樣愛用，有個開玩笑的說法，說法國男人最不喜歡洗澡，因此才用香水來消除身上的汗臭和體氣。在巴黎街頭欣賞女士們的奇裝異服，也是遊客們視覺上的一大享受，巴黎時裝永遠是時代的寵兒，廣受世界各國追求時髦的仕女所注目，往往一套新裝出籠，立即風靡全球，女性頭上的髮型也是如此，我們走在街上，想要看這些摩登服飾和髮式，只要在香榭麗雪大道的行人道上一站就可以了。

在巴黎大街上除掉這些衣履鮮潔華麗，儀態高雅大方的紳士和淑女們外，也可以看到一批批衣衫破舊，長髮蓬亂，不修邊幅的年輕男女，跟在紐約中央公園及舊金山街上所見的嬉皮男女差不多，有的男士背上揹個包裹，汗衫赤足，女的穿得袒胸露背及一條短褲，三五成羣大搖大擺地走過，那種目中無人的忘我神情，眞令人吃驚搖頭。蹲坐在街角或僻巷一隅，手捧吉他，自彈自唱，到底是向行人乞討，還是只求自我陶醉一番，就非旁人所可猜測了。還有吉甫賽人也是巴黎街頭的一景，他們不論男女，臉上都是一副樂天知命、玩世不恭的落漠神情，嘴角眉梢總流露一分憂鬱和無奈，吉甫賽女人尤其引人注目，她們的服飾總是大紅大綠，鮮艷奪目，愛戴銀質項鍊和手鐲等飾物，有的手上戴四五個戒指，彷彿全部家當都穿戴起來，讓人欣賞。他們在街邊隨便席地而坐，也有拿自製的手工藝品向路人兜售的，順手扒竊是他們的慣技，所以導遊員一再對我們提醒，別跟那批街頭流浪者打交道，以免吃虧上當。

巴黎這一國際性大都市，交通秩序並不理想，人多車雜，各型大小車輛你擠我鑽，各不相讓，有的行人甚至遇到紅燈，也視若無覩，硬闖過去，最奇怪的是，像這樣交通紊亂的大街上，都看不到一個維持秩序的警察，我們每次過十字路口時，站在路邊要看一遍前後左右後，才敢大跨步跑過去，同時大聲彼此招呼：「小心啊！」

在巴黎街頭看到另一種特殊風光，就是成羣的畫家，當衆揮毫和出售作品，這些人大都衣着隨便，神態瀟灑，完全一派超塵脫俗的藝術家風度，光是這點就值得我們欣賞和喝采了。那天下午，導遊員陪我們來到一處教堂旁的小公園裏，只見許多男女畫家散坐在路旁樹下，每人身邊擺着畫具和顏料等物，面前一具畫架，他們有的正在執筆作畫，有的在抬眼凝神，注視着面前的景物，準備寫生，有些正在爲人畫像，其中一位拿木炭的手，穩重又靈活，作畫的目標是一位衣着入時，容貌秀麗的白種少女，她端坐在一張木椅上，修長的纖腰筆挺，金黃色的蜷髮，鬆散地披在雙肩和背上，許多人在旁圍觀，我們也擠近前，發覺人們所爭相注視的，並不是畫架上的畫像，而是那位側首微笑的女郎，這麼多人圍着欣賞她的青春美貌，約莫十六、七歲年紀，在衆目睽睽之下，她神色自若，毫無畏怯之態，西方社會風氣的確比東方開放，像這種年齡的女孩，要是在東方正是母親身邊的乖女兒，撒嬌又羞澀，遠不及西方女孩來得大方爽朗。畫家們有的年紀很老，我們看到一個滿頭白髮，腰背佝僂的老者，他正在畫一幅水彩風景，以前面的教堂爲對象，那種聚精會神，認眞嚴肅的神態，醉心於他的藝術世界中，不計自己的年齡老邁，只在奉獻與付出，這種精神眞令人敬佩不置。他們作畫的材料有臘筆、粉彩、水彩及木炭等，各有自己不同的風格，有的着筆簡單，僅寥寥數筆，就在畫面上勾勒出一副風格特殊的素描，有的用筆細膩，一筆不苟的慢工出細活，彷彿我國的工筆畫，我站在他後面幾分鐘，才看到他畫出教堂的一角尖頂，這種認眞寫實的手法，我不知道是不是歐洲中古世紀遺下的畫風。導遊員告訴我們，說這些畫家只能算得上是畫匠，說不上藝術，我內心不以爲然，他們之中固然有爲了謀求溫飽而畫，但求溫飽也並非一件壞事，藝術家也是凡人，也要過我們凡人的生活，他以熱愛藝術的良心對人類社會提供美的事物，藉以美化社會和美化人生，對社會的貢獻，決不比其他任何一種行業爲低，甚至更爲超越，我還是佩服他們。他們身旁的草地上，擺了許多已完成的作品，我看上了其中一幅描繪塞納河風景的，正想探問價格，不料導遊員在大聲催促我們，要上車走了，因此沒有買成，至今引爲遺憾。

二十八、塞納河畔

在巴黎的塞納河畔漫步，可以充分體會到這個世界花都的藝術氣氛和浪漫情調，河水像一條銀色的帶子，將城垣圍繞着，也穿過市區。橋上的行人和車輛，終日不斷。河上共有三十二座橋，每座橋上都有彫刻精美的人像，這是別處所看不到的，僅僅欣賞這些彫刻，就足够在橋上留連整天，仍然覺得時間不够，來不及觀賞。這些彫像各具不同的特色，有的站立，有的蹲坐，無論面部表情，擧手抬足以及衣服的皺摺和式樣，眞是千差萬別，儀態萬千，絕對看不到兩具相同的。這些橋也各有不同的歷史背景和結構，每一座橫跨河上的橋，遠望有如一條長虹，近看則是一座藝術品，其中有的是千年以前造的，最新造的也在百年以上，無不古趣盎然，發人幽思。每座橋都有拱形的涵洞，這些涵洞大小不一，各有其美妙的姿態，橋下時有遊艇穿過。那天我們走在橋上時，看到一艘艘玻璃遊艇，從遠處的河面，悠悠地飄來，來到橋邊時，看到艇中的遊客有的抬頭看橋，有的向橋上的行人招手，個個談笑自若，快樂逍遙，巴黎人眞會享受生活。橋上的行人也是一派悠閒自在，情侶雙雙地挽手而行，手持司笛克的紳士們，有的踽踽獨行，有的伴着美眷，步履安詳地走過。

塞納河將巴黎市區劃分爲南北兩區，北區爲高級住宅及政府機構所在地，也是商業中心，南區是有名的所謂拉丁區及文化區，許多高等學府都設在此，同時也是詩人及藝術家們滙集之地。河岸的風光眞是如詩如畫，一行行整齊美麗的楓樹和梧桐樹，處處是蓊鬱濃密的綠蔭，草地也是一片青葱。雖然散步的人，往來不絕，地上却看不見一片紙屑，到處都是潔淨異常。我們走過時，只覺賞心悅目，同時不得不佩服巴黎人的公德心，旣講究環境衞生，又遵守公共秩序。

在橋上散步，除掉可以欣賞綺麗無限的河上風光外，更可以瀏覽舊書攤，一列長達好幾里的書攤，形成塞納河岸的一大特色，也吸引了無數尋幽訪古、探究知識的讀書人。無數的書櫃排列着，每個書櫃裏藏着的是人類智慧和思想的結晶品，也是一個個文化的寶藏。都是舊書，新書也有，如市面流行的暢銷小說之類，這類新書，格調不會高，內容也極盡迎合社會大衆的胃口。買書和看書的人雖多，但却不顯髒亂現象，同時也很肅靜，洋人們都有這點修養，在公共場所從不高聲談笑，大家都在靜靜地看書和找書，進行買賣時也沒有討價還價的嘈雜，因爲每本書都標明價格。除書籍外，更有各種雜誌期刊，寫過字的舊明信片，舊郵票、風景片，名畫複製品以及巴黎市區的地圖等等，有的還兼售古董，眞是五花八門，包羅萬象。據說內行人往往在這裏搜購到價廉物美的珍品或名著書籍；價錢比在大書舖裏便宜得多。那些書櫃的主人，幾乎都是清一色的老者，他們的衣着隨便，據說終年一件舊大衣，頭上拿破崙帽，也是舊的，坐在一張可以摺叠的木椅上，翹起二郎腿，口啣雪茄，名士派十足，書籍任你翻閱半天，最後一本也不買，他們的神態始終是和藹可親，還會跟你點頭微笑，有人說他們和他們的舊書櫃，也形成塞納河畔的一大特色。晚上收市時，每個書櫃上鎖，留在原處，第二天再打開書櫃營業，一年到頭都是如此。

站在塞納河畔，可以看到著名的巴黎聖母院，這座古老的教堂，據說因法國浪漫派作家雨果的名著小說「鐘樓怪人」一書而聞名遐邇。聖母院巍峨宏偉的建築，色彩鮮麗的玻璃窗飾，彫塑精美的門窗和屋頂，尤其那莊嚴肅穆的宗教氣氛，令人震懾。艾菲爾鐵塔也是塞納河畔的一大勝景，距離聖母院很近，全部由鋼造成，巍然矗立，高達九百多呎，共分三層，塔身呈紅色，為歐洲大陸著名的建築之一，在午後的陽光照耀下，發出炫目的光輝，蔚為奇觀。塔內有昇降機可以直上塔頂，俯瞰巴黎全市，一望無遺，可惜我們的時間有限。未能登上塔頂，引為遺憾。

塞納河畔另一引人入勝的是花市和鳥市。巴黎原有世界花都之稱，一年四季，鮮花不斷，花市尤其集奇花異卉之大成，生平從未見過這樣鬧熱繽紛的鮮花世界，這些花襯上人工的裝飾，如瓶裝、盆插和花籃、花環等，讓買花人任意選購，買回去即成為家中最美的裝飾品。鳥市也很熱鬧，巴黎人愛花也愛鳥，中國的國畫花鳥總是不分的，巴黎人也有此嗜好。我們還沒走近鳥市，老遠即聽見一片清脆的啁啾聲，各種鳥類都裝在精致的鳥籠中，鳥籠的形式也是千姿萬彩，漆成各種顏色，形狀有圓的、方的、三角形的以及房屋形的等等。我最欣賞房屋形狀的鳥籠。裏面裝三五隻鳥，大小不一，彷彿人類的家族聚居，看來十分有趣。鳥的種類繁多，千奇百怪，更不在話下，可惜有許多叫不出名字，選購的人不少，大都經過一番評頭品足，好像選美一般，鳥類也有俊有醜，連鳥籠一起買，每籠連鳥都標明價格，看來鳥市的熱鬧並不亞於花市，在塞納河畔漫步，眞有觀賞不盡的風光。

二十九、倫敦風貌

西敏寺及國會大廈

旅行團在八月九日下午自里斯本飛抵倫敦後；爲了珍惜時間，即馬不停蹄地展開參觀活動。我們先參觀了西敏寺這座古老的教堂，在廣場上排隊等候進入參觀的遊客，十分擁擠，那天倫敦的天色本來灰暗，似下毛毛細雨，但此時忽有晴意，大家的精神爲之一振，抬頭仰望西敏寺巍峨古老的哥德式建築，隨着行列前進，在進門處看到一座英國前首相邱吉爾的紀念碑，碑上刻着讚頌其生前功勳事業的文字，可惜我們無法竚足細看。跨入教堂後，覺得內部並不如想像中的寬廣，也許是因爲參觀的人太多，只見到處顯得擁塞，不過觸目所及，盡是精美絕倫的彫樑畫棟，正廳呈一長條形，顯得狹窄，中間一個大祭壇，壇上有大金十字架及一對大燭台，都有細緻的彫刻，整個祭壇顯得金碧輝煌，光燦奪目。大廳兩旁，陳列着琳瑯滿目的各種盾牌和旗幟，旗上都寫明列士封侯的爵號及姓名，是早年皇室封建時代留下的遺物。同伴們有人說這裏就是不久前查理斯王子及戴安娜王妃舉行結婚大典之地，想必將來查理斯王子登基成為英國歷史上第四十四位君王，也將在此舉行，歷代英國王室加冕及大婚也都在此舉行，據說加冕的那個寶座（顯得很陳舊）橡木椅下面，有一塊四百磅重的聖石，是象徵英皇的聖石加冕的眞命天子，用以昭示天下，從一三〇一年以來，就放在椅下了。西敏寺也是英國歷代已故王室人員安葬之地，除王室人士外，更有留名史册的許多偉人和哲士，也都在此佔有一席之地，當然是極高的榮寵，其中有科學家達爾文、瓦特和牛頓，文學家迪更斯、莎士比亞、拜倫、白朗寧和韓德爾等，已故邱吉爾首相也埋在此，共有一千多人在此長眠地下，當我們在寺內走過，想到腳下所踏着的，也許正是迪更斯的頭或莎士比亞的身軀時，似乎有點感到不安。大廳的面積雖然不大，天花板却是出奇的高，抬頭望去，脖子都為之發酸。據資料顯示，西敏寺建於一〇四二年，至今已經九百多年了，從威廉一世以來，在此寺內舉行過的盛大熱烈轟動全球的皇家慶典，已不知有多少次了，全寺尙有各類大小不一的教堂，其中最豪華精美的要算亨利七世經手興建的禮拜堂，那種精彫細琢的裝飾和陳列品，令人嘆為觀止。

西敏寺內現在早已沒有皇室家族居住了，在四百多年前卽已遷出，這裏已成為國會議員們集會之所。英國自詡為老牌的民主國家，也自認是現代民主政治的鼻祖，又是西方文明的屏障，十八世紀是它的全盛時期，世界各地遍佈它的殖民地，可是如今位於西敏寺區內的國會大厦，已被經年累月長期的塵霧掩蓋，顯得灰暗衰老，據說近年倫敦市政當局，正在僱工替它整容洗刷，可是今天我們從西敏寺出來，一眼看到近在咫尺的這幢民主搖籃的大厦，仍然覺得一片暗沈，似乎象徵這古老帝國的衰落。我們也看到著名的唐寧街十號英國首相的官邸，一幢古老而又平凡，毫不起眼的住宅，假如不經人指點，還誤認是一幢平民的房屋，誰會想到它竟會是掌握英國實質大權的政治心臟所在地呢？十號的旁邊便是十一號，是英國財政大臣的官邸，也是主管英國經濟命脈的中心地點，同樣是樸素簡陋的外貌，由此也可看出盎格魯撒克遜民族性的嚴謹踏實的一面。最可惜的事，是我們未能進入國會大厦去參觀一番，僅從資料知道，上、下議院分別有兩個大會議廳，中間有一個圓廳隔開，上議院內有特設的女王寶座，雖然女王極少出席會議，仍然虛設一席，以示尊敬。議員們的座席則是長條紅絨沙發，全場可容納三四百位議員，議堂中央的大桌上，置有議事法規及大憲章，更有兩本巨型聖經，藏在二隻裝飾精美的木箱內，議員們雖然並不負實際責任，却是排場十足，開會時要一律着紅色法衣，代表英帝國的貴族身份，他們開會時，下議院的議員們不能涉足議堂，只能站在外面旁聽。下議院才是民主政治的殿堂，門口置有第二次世界大戰英國的領袖人物邱吉爾首相的銅像，邱吉爾在第一次世界大戰時僅爲一海軍軍官，出身平民，只因對國家有貢獻，後來纔晉封爵士，這便是下議院的平民本質一個最好的說明。議員們直接跟平民接觸，門側設一排信箱，民衆隨時可以提出意見，議員們廣納民意，作爲政府施政的參考，英國的民主政治，迄今仍爲世界各國的楷模。

國會大厦的尖塔上，有一座直徑九呎半的古老大自鳴鐘，我們抬頭望去，看不到鐘，却聽到一聲聲雄壯渾厚的鐘鳴，從尖塔中傳出，據說這鐘聲響徹倫敦全市，也曾經由無線電廣播傳送到世界各地，第二次世界大戰時，在納粹惡魔希特勒指揮下，軸心國的空軍，結隊飛臨英倫上空，日夜輪流轟炸，倫敦全市的各項建築物，大受損毀，惟獨這座鐘樓，屹立無恙，至今仍保持它百年以來的原有面貌，這該是珍視古物的英國人，引爲安慰的吧。

我們從西敏寺出來，遊覽車經過一條街道時，看到一尊英王喬治三世的銅像，當時大家都沒有注意，經導遊員指出，說這尊銅像有一特點，就是頭部塑得特別小些，其原因是喬治三世當朝時，正是一七七八年，就在那一年美國發表獨立宣言，宣告正式脫離英國而獨立，給予愛面子的英國人，一個相當大的難堪和打擊，因此有意將英王喬治三世的頭造得特別小，這種作法也不認爲是對國王的不敬。

白金漢宮一瞥

離開西敏寺後，遊覽車經過國會大厦和唐寧街十號首相府的巷口，卽在白金漢宮正前面的一條大道上停下，大家下車沿着寬敞整潔的人行道走去，跟隨着密密厤厤的人羣，擁擠又熱鬧，一齊湧到白金漢宮的大門口，看到一尊莊嚴肅穆的勝利女神像，巍然矗立，氣象萬千，時候雖然不是御林軍交班的一刻，而且也不能進入那張氣勢逼人的莊嚴的宮門，可是大家還是紛紛地往前擠去，能擠多近就擠多近，目的就是要看看武士們的面目，大英帝國的威風和權勢，現在都只藉這些穿猩紅制服，戴黑皮高帽的御林軍來作象徵性的表現了。大家圍着他們，像看猴戲一般新鮮好奇，這批禁衛軍到底一共有幾人，我沒有數，看上去都很年輕；只有二十來歲，身材一律高瘦，腰肢筆挺，熊皮高帽低到幾乎遮住了眼睛，黑長褲上的摺痕清晰可見，每人手上捧着一枝長槍，分立大門兩旁，有如泥塑木彫，兩眼直視，毫不瞬動，我看到一個頑皮的年輕人，走上前去拉他的手，也絕無反應。遊客們的照相機，從前後左右對準他們，一片咔嚓之聲，此起彼落，同伴們中有照相機的，沒有一個不爭相拍攝，留下珍貴難得的紀念。據說這批御林軍是經過非常嚴格挑選而來的，再經過一番嚴格訓練，他們不但絕對忠實於皇室，更要英勇超人，一旦遇到緊急狀況，要有不惜犧牲個人生命，有捍衞皇族、誓死效忠的勇氣和決心。武士們在換班的時候最是多采多姿，盛況迷人，他們有的步行，有的騎馬遊行，行列整齊威武不說，加上他們一身的佩帶裝飾，眞是金碧輝煌，光芒四射，令人爲之目眩，發出驚嘆。據說每天從世界各地前來英倫觀光的遊客，都不會放過這盛況空前的一刻。白金漢宮門前的廣場上，終日人潮洶湧，熙熙攘攘，這一熱烈場面，不是經過目覩，簡直難以令人置信。

憑弔古塔

臨近泰晤士河，距離倫敦橋不遠處，有一個氣氛陰森恐怖的古塔，規模宏大，像個古堡，此處原來也是皇宮，後來改爲拘留囚犯之地，因此有許多慘絕人寰的宮廷謀殺事件，在此傳出，話雖是這麼說，但當我們入內參觀的時候；並未覺得如何可怕，也許慘案已經過去好幾百年，即使在亨利第八生前住過的房內，在兩個大玻璃櫃中，分別陳列着斷頭台及刀斧等兇器，現在也已事過境遷，人們只把它當史跡看待了。據資料顯示，亨利第八的第二任妻子，即在斷頭台留下寃魂，又在一四八三年，七歲的皇太子愛德華及其五歲多的弟弟，也在皇族陰險惡毒的妬恨之下，同被謀殺，他們的遺骸也葬在西敏寺的地下墓穴中，其他因權力傾軋或私人恩怨而蒙寃屈犧牲的，就更不知有多少了，據傳說在此古塔內，入夜有鬼聲啾啾，鬼影幢幢，繪聲繪影，令人毛骨悚然，此古塔內因血腥處處，因此也叫血塔；現在我們置身其中，已感覺不出血腥味，在各陳列室中，只見到英國古代的各種武器，裝飾精美的古劍，銀光閃亮的大刀及斧等，在另一些玻璃櫃中，有無數晶瑩燦爛、光耀奪目的皇室珠寶、冠冕、權杖以及各種珍貴的首飾，爲歷代女士加冕所戴的一頂皇冠，全部用鑽石嵌鑲而成，每一顆重達若干克拉的巨鑽，在燈光照映下，其光輝燦爛，幾乎令人睜不開眼睛，站在我身旁的一個金髮女郎，我注意到她雙眼盯住，久久不瞬，驚喜艷羨之情，流露眉梢眼角。這座皇室的珠寶宮，收藏品的珍貴和豐富，相信將使每一遊客留下深刻難忘的印象。資料記載，其中有一顆世界聞名的「非洲之星」巨鑽，可惜沒有標明多少克拉。古塔中經常飼養八隻烏鴉，英國人相信烏鴉象徵吉祥好運，如果一天烏鴉飛去，即是國運將衰的預兆，八隻烏鴉不能多一隻，也不能少一隻，如果飛走或死去一隻，便要立卽補充，湊足八隻，據說實際上每隻烏鴉的翅膀，都已被剪掉根本不能飛，這只是英國人的一點小幽默而已。

這座倫敦古塔已有一千多年歷史了，其間所經歷的宮廷演變和人事滄桑，如今從它飽經風霜、陰沈衰老的外貌，可以多少窺見此一歐洲古老帝國，已從過去的光輝絢爛，漸漸地步入老邁衰竭的日落黃昏了。

特親王既英俊漂亮，一表人才，又精明能幹，滿懷雄心壯志，可惜沒有一展長才的機會，終至鬱鬱寡歡，憂鬱而亡，英年早逝，年僅卅多歲，這座紀念碑耗資十二萬英鎊，在當年是一筆可觀的數字。維多利亞女王在一八七六年親自爲紀念碑揭幕，傳說她自親王去世後，即長年身着喪服，一身黑色，正象徵着這位年輕貌美的女王深沈的悲哀，而這一段英國王室的愛情悲劇，如今只憑這座豪華的紀念碑，留給遊客們一點淡淡的悼念了。另一尊塑像則輕鬆有趣，是童話中一個永遠天眞長不大的頑童潘彼得，圓圓的臉，兩頰胖嘟嘟的，一臉活潑頑皮相，鬈曲的短髮，渾圓的手臂和腿，情趣盎然，彫塑家硬是要使遊客在身心疲憊之餘，獲得一針興奮劑，大家佇足觀賞，從內心深處，油然發出一聲歡笑。

我跟同伴們在園內到處漫步，看到長椅上坐了不少人，有閱讀書報的老者，手上一支雪茄，神態悠然自得，有編織毛線的婦女，有情話綿綿的年輕愛侶，也有默然相對的中年夫婦，更有孤獨老人默坐沈思的，在此可以窺見英國人休閒生活的一斑。據說倫敦的公園不少，其中以海德公園面積最大，樹木花草最多，並有一處蜿蜒貫穿公園中心的湖泊，湖岸綠樹成蔭，如茵芳草，處處賞心悅目，這塊綠色園地該是終年在霧鎖雲封中討生活的倫敦市民，舒展心身和游目騁懷的理想勝地。

我們從海德公園出來，便置身在車水馬龍的大街上，街道並不如想像中的寬敞，像紐約那樣的六線及八線大道，似乎看不到，抬頭四顧，只覺得一片古老陳舊景象，街道兩旁的房屋都是灰暗沈沈的，缺乏鮮亮悅目的色彩，我沒有看到八層或十層的高樓，三四層的最多，窗口一般都呈狹長形，用窗帘或百葉窗遮掩，從窗口看不見屋內情形，就一般看來，在倫敦絕沒有巴黎街頭的五彩繽紛和新潮花俏景色，這大概與英國保守的民族性有關。

街邊的商店和百貨公司很多，我們幾乎每家商店都進去，看看有沒有想買而又價廉物美的東西，我在一家櫃檯上看到一面鏡子，橢圓形，金屬鏡框上有鏤空彫花，手工精細，頗有古董味道，一看標價為之咋舌。同伴們都想買紀念品，但折價美金算來算去，越算越糊塗，美金支票及現鈔在此通用，但英國幣制複雜繁瑣，一英鎊等於二十先令，一先令等於十二便士，折合美金則一英鎊等於七角，因爲不是十進位，這筆賬是很費腦筋的，有的同伴東西是買了，到底花了多少錢都不清楚，弄得啼笑皆非。

倫敦的商店要到上午十點纔開門營業，他們都有睡早覺的習慣，十點以前大街小巷，一片冷清，除掉清道夫及警車外，簡直沒有行人。公共巴士清潔漂亮，一律漆上鮮紅色，雙層的，看來美觀可喜，車廂內座位是寬敞舒適的沙發椅，我雖沒有坐過，但當停站時我特別留意看了，是臺灣的公車所比不上的，公車站排隊候車的人，男女老少都有，每個人站在自己的位置，絕無插隊或搶先的情形，秩序井然，在此可以看出英國人的紳士淑女風度，即使是兒童也在行列中站得規規矩矩，令人讚佩。

在一個熱鬧的圓環四周，眞正領略了英國平民生活的面貌，這裏林立着酒吧、咖啡館、戲院、電影院、賭場和舞廳等娛樂場所，大小餐廳更是營業鼎盛，街頭上來往穿梭的人羣，連肩接踵，有些不入流的小書店及書攤，出售各種有傷風化的色情書刊，首先我很好奇，一個小小書攤，竟然吸引這麼多讀者，走上前一看，書的封面就光怪陸離，內容更是不忍卒睹，才恍然知道是怎麼回事。據說在這一帶還有形形色色的雜耍和脫衣舞表演，在看了英國紳士淑女們端莊嚴肅的形象後，眞難以想像還有如此醜惡的一面。入夜後到處是鮮紅慘綠、閃爍絢爛的霓虹燈，使整個圓環亮得如同白晝。那天我們在晚飯後從餐館出來，順便在圓環走一遭，據說這裏才是倫敦的不夜城，終宵達旦，觀光客及尋歡客，都紛紛麕集在此，尋求物慾及感官上的刺激，紙醉金迷的銷金窟原是現代大都市的畸型產物，在倫敦也不例外。

倫敦街上的公司行號，大都有個堂皇漂亮的門面，雪亮的落地玻璃大門，門是自動開闔，入內有長列的玻璃櫃檯，貨色分門別類，陳列整齊，服裝店內的模特兒豎立在走道邊及牆角，也有擺在櫃檯旁的，因爲製作精美，表情逼眞，初入內很容易誤認爲眞人，弄出笑話。英國的毛呢衣料，早已馳名世界各國，同伴們到此不願空手歸去，大家都興致勃勃地選購，有的買了圍巾，有的買了外套，男士們有選購整套西服的，幾乎滿載而歸，全認爲花錢值得，的確買到了眞貨色。一般看來，倫敦的時裝，設計新穎，式樣及色彩都算得上一流，比起我們在巴黎看過的毫不遜色。

參觀大英博物館是我此次歐洲之行引爲一件最快慰的事，早已耳聞此館收藏書籍豐富，古物藝品的珍貴精美，被認爲所有世界各國博物館中的佼佼者。友人姚君夫婦在此僑居二十多年，對倫敦的古蹟名勝，如數家珍般熟悉，姚君更自詡爲識途老馬，夫婦二人熱誠帶領我參觀各地，問我以何者爲優先，因爲知道我們旅行團留此時日短暫，必須珍惜時間，這樣我才有幸參觀了大英博物館。

由姚君駕駛他的私家轎車，直往大英博物館駛去，在大街上幾經往來奔馳，大約經過二十多分鐘抵達目的地，進入館內大廳，看到一羣十多歲的男女中學生，制服整潔筆挺，排成隊伍，由一中年女老師率領，據姚君相告，這是結隊前來參觀的中學生，他們每年都輪流參觀各大博物館，作爲教學輔導的重要課題。

我們首先參觀了該館正中的公共閱覽室，一間規模寬大的圓頂大廳，廳中排着一列一列的座位，只見全廳黑壓壓一片人頭，座無虛席，肅靜無譁。據說曾有世界各國的名流學者在此閱讀及研究學問，像撰寫「資本論」的共產主義鼻祖馬克思，掀起俄國大革命的共黨頭子列寧，領導中國全民奮起推翻滿清政權而締造中華民國的　國父孫中山先生，而英國戲劇家蕭伯納更在早年未成名前，經常在此讀書寫作，以館爲家，終於成爲舉世聞名的大文豪。

在各個大小不一的陳列室裏，我看到了十九世紀瓦特發明的蒸氣機，古老的火車，第一次飛越大西洋的飛機模型等歷史陳跡。上古時期希臘的各種著名石雕傑作。

最使我感到驚奇又覺得驕傲的，莫過於看到中國國寶之一的敦煌石室文物了，據說是英人斯坦因爵士（Sir Aurel Stein）在一九〇七年（光緒三十三年）從敦煌運到英國的，其中有手抄卷八二卷，木板印刷卷二〇卷，手抄卷最古老的是晉安帝義熙年間，到宋太宗至道年間的書卷。在該館第一層樓的皇家圖書館一個大玻璃橱中，藏有我國唐代木版刻印的「金剛般若波羅蜜經」，與英國的「大憲章」原本並列一起，還有歐洲早期的各類聖經版本，都被珍藏在此玻璃橱中，由此也可看出我國文物在該館所佔的地位，令人遺憾的是這些流落異邦的我國文物瑰寶，未能珍藏在我們自己的博物館中，眞是一件令人感慨的事。

大英博物館創始於一七五三年，其間經過二百多年的搜集和收藏，已被認爲是人類文化遺產的收藏中心，在第二次世界大戰中一度曾遭到破壞，如今外表當然絲毫看不出砲火的痕跡，而其內部的陳列品也仍然是精美絕倫。從無數全世界的珍奇精品上，顯示出人類智慧與思想的結晶，這筆豐富的文化遺產，眞正放出了萬丈光芒，令人驚嘆。

三十一、泰晤士河畔

七月的陽光，將泰晤士河的水面，塗上一層淡金色，我們沿着河岸走去，迎面送來的風，不但不熱，反而帶來一絲涼意。遠遠望去，河面的遊艇，一艘艘輕如燕子般飄過，全身潔白如雪的天鵝，將河面點綴得如詩似畫，據說這些天鵝是英國皇室的寵物，派有專人照顧和看守，任何人不得加害或捕殺。河上有四季不同的風光，兩岸的鄉村景色，秀麗無比，在蓊鬱叢密的青葱林木中，到處有村舍和別墅，有的露出紅牆半截，有的聳起一角白色的屋頂或塔尖，宛如童話故事中的仙居。久遠以來，泰晤士河便是英國文學和藝術的薈萃之地，甚至有人認爲，古老的英國文學即在此孕育發源，英國文學史上許多傑出的作家如亨利詹姆士和詩人渥滋華斯等名家，都曾在河畔行吟和尋找靈感。

河兩岸的古老建築物，也顯示了許多史事遺跡，譬如最有名的溫莎古堡，爲英皇愛德華八世在一九三六年，因熱戀辛浦森夫人，以寧愛美人不愛江山的韻事而轟動世界，此古堡爲十一世紀的遺物，站在泰晤士河畔，即可望見，全身呈灰白色，顯得古老陳舊，而今遜皇與美人，骸骨已化塵土，此一段皇室的風流故事，也已隨泰晤士河的悠悠流水，而消逝得無影無跡了，到此旅遊漫步的人，想來不免要興起一番人事滄桑之感。聖喬治大敎堂的古老建築，也是泰晤士河畔的一景，那高聳雲霄的哥德式尖塔，鏤花的金色屋頂，以及彩色的玻璃門窗，都在陽光下閃閃發亮。以造就英國政壇上傑出人物而著名的牛津大學的古樸校舍，也可站在河畔望見。還有著名的伊頓中學，也因英國許多出色人物曾在此就讀，而成爲一所遠近馳名的學校。這些著名的學府，建築都很古老陳舊，一派飽經風霜的蒼老面貌，不過從這些建築物也可以看出英國人保守念舊的民族性。

在泰晤士河畔觀光最令人注目的，要算橫跨河上的橋樑，據說共有十九座之多，而這些橋樑最大的標誌，就是橋上古老的塔故叫塔橋，塔的建築風格，古樸而高雅，是用花崗石和鋼筋混合構成，據說十分堅固牢實，塔身方方正正，四平八穩，看來有穩如泰山之概，塔身很高，塔頂也呈哥德式的尖錐形，已有近百年歷史。橋樑的結構分上下二層，底下一層可由左右二面開闔，有大輪船經過橋下時，底層卽自動開啓，讓輪船通過後再關闔，這是別處所看不到的。

我要感謝老友姚君夫婦，此次倫敦之行，如果僅隨旅行團的導遊逛街購物，是絕對沒有機會來到泰晤士河畔觀光的，姚君夫婦以老倫敦的身份，引導我除了參觀大英博物館外，更飽覽了泰晤士河畔的風光。一路走去，沿途遇到散步的人眞不少，一些戴黑色舊禮帽，手持司笛克的老者，邁着穩重悠徐的步伐，一雙炯炯銳利的眼睛，從金框鏡片後射出灼灼逼人的光芒，姚君告訴我，他們是典型的英國紳士，多半已從政界或金融界退休，經過了一段漫長忙碌的人生旅程後，現在已是安享餘年的悠閒歲月，到泰晤士河邊漫步，藉此尋回早已失落的舊夢，因爲一般上了年紀的英國人，始終認爲一部古老悠久的英國歷史，是跟這條泰晤士河不可分割的。

從河面拂來的風，帶來陣陣悠揚的鐘聲，姚君說是從對岸聖喬治大教堂的古老鐘塔裏播出的，噹！噹！在河面上盪漾着，這鐘聲該已響過百年以上了吧，不管時代的腳步，走得多快，世事變遷有多大，想這古老沉鬱的鐘聲，卻是永遠不變的。

一艘大輪船駛近了，河面上響起一陣馬達的噪音，本來平靜的水面，激起片片浪花，輪船快到橋下的一刹那，橋身底下的一層打開了，分向左右兩邊弔起，讓大輪船過去，然後再慢慢地放下關闔，我是生平第一次見過，覺得新奇有趣，跟我一樣停步注視的人不少，他們也許都是從外地來的觀光客，同樣感到好奇。據說近些年來由於世界性經濟不景氣影響，來往的船隻減少，塔橋每天開闔的次數也減少了。

三十二、海德公園漫步

一眼望去沒有邊際，晨風爽爽地迎面拂過，我跟同伴循著一條相當寬敞的碎石路走去，時間太早，公園裡人跡稀少，只看到幾個作晨間運動的人，一個著背心短褲的青年在跑步練習，一對老年夫婦在悠閒散步，還有幾個中年男女，有的獨行，有的溜狗，一個手執拐杖的老者從我們前面緩步走來，完全一派英國紳士風度，臉上堆著微笑，輕輕地點一下頭：

「早安！」

「早安！」雖不相識，我仍然禮貌一下。

黑色的禮帽下，一張刮得白淨的瘦長臉，深灰色西服配上黑領帶，年齡總在六十以上，走過去後，我仍然回頭望一眼，那筆挺的背影，正在樹叢中消失。

早在不少英國文學作品中，讀過有關海德公園的描寫文字，被形容是倫敦的心臟，是倫敦人心靈上的綠洲，不分早晚，即使是下雨起霧的日子，來到公園休息散步的人，仍是絡繹於途。當旅行團住進這家不算滿意的旅館後，一聽海德公園就在對面，大家不滿的情緒立即一掃而空，今天我特別起早，邀同伴到公園作晨間漫步。天空陰暗，像要下雨，這是我們此行進入歐洲大陸後，第一次遇到陰天，今天倫敦沒有霧，可是空氣中濕氣很重，覺得身上衣服略嫌單薄。我們本想快步走，但看著從身邊走過的人，都是步履悠閒，爲了別讓人笑話我們，也祇得作悠閒狀。圓形的、三角形及星形的各式花圃裏，黃色的大理花及大紅玫瑰，怒放如雲，繞著花圃小徑，左彎右轉，似乎永遠走不盡。路旁長櫈上有人坐著看早報，嘴角一支雪茄，烟圈緩緩地吐出。

公園裡的古樹很多，可惜叫不出名字，粗壯的樹幹筆直地伸向天空，枝柯縱橫交錯，墨綠色圓形的葉子，密密層層，將天空遮蔽。一陣吱喳的鳥鳴，從枝葉間漏出，抬頭望去，怎麼也看不到鳥的踪影，有點失望。繞過一方長圓形佈滿紫色小花的畦地，空氣中散播著淡淡花香，花畦四周圍著一列多青樹，枝葉修剪得整齊劃一，找不出一根雜枝亂葉，草地也是平坦整潔，有許多花圃和草坪，正在電動噴水，細長的水柱，成抛物狀向四方噴射，我們儘量走避，水花會隨時飛濺過來。

又是一陣啾啾唧唧，園裡不知有多少鳥類，仔細搜尋，可在高枝密葉間，發現大大小小的鳥窩。據說倫敦市政當局非常重視自然生態，市民們也很合作，倫敦的鳥兒是有福了，卽使草地和小徑上，甚至長櫈上也落了鳥糞，卻沒有人嫌惡，隨時會被清除掉，那邊就有兩個人正拿著長把掃帚在清掃，落葉也被收集傾入垃圾車中。到處一片清靜，鳥聲更顯得嘹亮迷人，像千百隻小銀鈴，在空氣中搖盪。那個練習跑步的青年從一排多青樹後繞過來，跑得不疾不徐，踏在沙地上的腳步聲，很有韻律。我們從一片有似迷宮的花畦中走出來，正要穿過樹叢，忽然在一張長櫈上看到一個睡覺的人，手肘半彎著枕在頭下，是個留長髮的男人，似乎正在沉睡中，我和同伴立即退後，回轉身來跑開。

公園面積實在太大，我們走得累了，想在長櫈上坐下休息一會，不料櫈是濕的，是昨夜下的露水未乾，看到有人用報紙和手帕墊坐，而我們沒有，只好繼續走去。很想找到那個自由發表演講的地方，昨天我們的遊覽專車經過公園時，導遊曾指給我們看，說是越出那塊地方的範圍便受警察干涉或禁止，而在範圍內可以對政府肆意抨擊，將英國自由民主的精神發揮到極點，而聽衆們也報以讚賞的掌聲和喝采，可惜我們今天置身在此民主廣場的海德公園，未能躬逢其盛，只能欣賞這滿園花木和美妙動人的鳥聲了。

三十三、鬱金香王國——荷蘭

荷蘭是我們歐洲之行的最後一站，八月十日爲旅程的第廿九天，下午二時半，全體團員在倫敦國際機場搭乘荷蘭班機前往阿姆斯特丹。這是荷蘭三大主要城市之一，飛機降落後，身心不禁爲之一暢。原來剛從倫敦的陰沉灰暗中，突然來到陽光下，覺得渾身都輕鬆了。在機窗口看到遼濶的機場上，停了不少飛機，據說歐洲三大著名機場，除德國及法國戴高樂機場外，就算荷蘭的阿姆斯特丹機場了。走出機艙口，迎面撲來陣陣強風，陽光雖好，卻沒有暖意。提着行李登上巴士，不到一分鐘就來到候機室，一眼望去，這機場大厦設備新穎，一切現代化裝置，無論電動走道、座椅及行李輸送台都是簇新的，也許是剛從處處顯得陳舊古老的倫敦，驟然置身此地的緣故。

因爲行程緊促，旅行團預定在此逗留一晚，明天就要離此前往杜拜，爲了珍惜時間，我們在導遊的安排下，辦妥入境手續，離開機場大厦後，不急着到旅館，大件行李交由當地旅行社的專車送到旅館，我們便逕自觀光逛街了，這樣的安排，獲得大家讚賞。大約午後四時許，我們的觀光巴士便在阿姆斯特丹大街上駛過，只見街道寬敞整潔，處處是碧草鮮花，小型公園散佈在街頭巷尾，奔馳在大街上除掉各式大小汽車外，更有一種式樣典雅古樸的老式電車，鐵軌不寬，速度比一般汽車慢，一派悠然閒適模樣，古趣盎然，可惜我們沒有乘坐的機會，但只遠觀欣賞，也够令人喜愛了。街上行人相當多，看來似乎人人神態自若，不像在紐約和芝加哥等美國大城市所見一片緊張忙碌景象。荷蘭是位於西歐的一個小國，跟另外二小國比利時及盧森堡，領土面積總共僅六萬餘平方公里，荷蘭算是其中面積最大的一國，但也僅有三萬四千平方公里，一說四萬平方公里，跟臺灣相近，但荷蘭境內山地很少，幾乎所有的土地都可資利用，而且許多土地都是運用智慧和人力開發出來的，荷蘭人有句頗爲自傲的說法：「海洋是上帝造的，陸地是我們造的」，他們在海中築造堤防，而將海水戽到堤防外去，一塊一塊的新生地就這樣誕生了，因此荷蘭境內有不少土地，都在水平面以下，與海爭地是荷蘭的特色，所謂人定勝天，荷蘭人眞是做到了。

那天我們首先來到一處郊區，是爲了專來觀賞荷蘭著名的風車，一眼望去，綠野平疇，非常遼濶，看不到邊際，有三座風車，散置在田野間，每座都有一個相當高大的基座，這些由古代荷蘭人所發明的戽水工具，據說現在已很少利用。每個風車有四片巨大的葉扇，葉扇擺成十字形的是多年廢置不用的，如果呈X字形的，則爲尙可使用的風車，但是現在已經大部份供作農村風景點綴及觀賞之用了，看來那些不再使用的風車，仍然維護得很好，絲毫不顯陳舊老邁模樣，是荷蘭人有意保存古物並吸引好奇的觀光客，未嘗不是一舉兩得的事。

郊區的住宅疏落，僅有三五戶農家，荷蘭全國人口僅有一千餘萬。我們的巴士抵達時，村人們都站在門口觀望，大家將好奇的眼光投來。婦女們的服飾樸實簡單，大都穿白色短衫，加上一條寬鬆素色的長裙。男女孩童活潑可愛，態度也天眞親切，一個十多歲女孩，站近我們身邊，臉上堆着甜美的笑容，我一時興起，擁着她照了一張相，她不但不拒絕，更親切地緊握着我的手，這張照片將留給我一段溫馨的異國友情。

後來我們去參觀一家木鞋工廠，荷蘭出產式樣典雅別緻的木鞋，行銷世界各地，其特點是由整塊木頭製成，鞋面連着鞋底，沒有一點接痕，我們只聽說「天衣無縫」，卻沒有聽說鞋子也無接縫之處，據說由鋸、鉋及削等手續，一氣呵成，可惜當天工廠停工，工人們渡假去了，偌大一個工廠，門窗關閉，無法入內，只在大門旁的牆壁上，看到一隻幾尺長的巨形木鞋，掛在那兒作廣告，同伴們想買一雙帶回作紀念也不可得，不過後來我們在出售紀念品的機場商店內，選購幾雙玩具木鞋，鞋類呈方形，鞋頭稍稍翹起，頗似我國古代婦女所穿的布鞋，手工精緻，色澤鮮艷，倒也別具風味，買來當紀念品贈送親友，倒不失價廉物美。

乘玻璃船遊運河是此次在阿姆斯特丹最饒趣味的一項觀光活動，據說凡是從世界各地前來荷蘭旅遊的觀光客，都被安排一遊運河，這是此地的一大特色。當我們在市區逛街的時候，發覺到處是河，所以，此地有「西歐威尼斯」之稱。遊運河以晚上最好，而我們的導遊也順從了大家的意見，卽使日間的活動已令人精疲力盡，大家仍不願放棄此一大好機會。當天在一家中國餐館用畢晚餐出來，我們卽聚集河邊，各人拿了一張票上船，票是導遊買的，花了多少錢不清楚。碼頭邊的遊艇川流不息，一艘靠岸後，另一艘卽接着啓碇，一批又一批的遊客上船下船，顯得相當忙碌熱鬧。每條遊艇約可容五六十人。我們上船時，艇上空無一人，大家分坐前面的幾排座位，木板座位成長條狀，分左右二行，中間是走道，我們三十多人坐定後，旋卽又上來數十人，聽說是從法國來的觀光團體。時已晚間八點多，天色全黑，遊艇中雖有照明設備，但不明亮，是爲了遊客便於觀賞河上景色。遊艇開行後，一路都由導遊說明，說的是法語兼英語，雖有擴音器，但因馬達的噪音震耳，根本聽不清楚。

遊艇沿着河岸向前駛去，立卽令人眼界大開，河面狹窄，兩岸的風光美妙如畫，各式高低不一的建築物，處處是陽台花圃，在燈光照耀中，有如人間仙境。荷蘭以鮮花奇卉出名，並有花國的雅號，最出名的是鬱金香，此刻我們遠望花團錦簇，一片繽紛，分辨不出是什麼花。岸邊點綴着蓊鬱蒼翠的楊柳，在晚風中飄盪搖曳，平添無限情趣。我們將視線從河岸移到河面，則是另一番旖旎浪漫風光，處處有水上人家，麕集河邊，自成一個天地。這些終年寄居水上的人家，以船爲屋，集數十艘或數百艘形成一個固定社區，這些以捕魚維生的人家，在河上構成一幅多采多姿的奇景，燈光通明，人影幢幢，男女老少，在各條船上來往自如，悠遊自在，是觀光客競相觀賞和拍照的最佳對象。

阿姆斯特丹由於運河多，爲使市民往來方便，每條運河都架設橋樑，據說有四五百座之多，比意大利威尼斯的橋樑還多。荷蘭人眞會動腦筋，將每一座橋裝飾得美輪美奐，橋上裝設成千上萬，五光十色的電燈，將河水照耀得光輝絢爛，金光閃爍。我們坐在遊艇上，隔着玻璃望去，有如萬點金星，從天邊墜落，遊艇故意來到一個適當角度，恰好是幾十座橋樑形成一條直線，只見一圈又一圈的燈海，成拱形排列，遠望有如無數金碧輝煌的城門，迤邐綿延，無窮無盡，這幕河上奇景，令全船的遊客，齊聲發出驚呼喝采，有的鼓掌，有的大叫，表示激賞。

遊艇在各條運河之間，往來穿梭，我們的前後左右，隨時都有遊艇駛過，遊客們除掉欣賞河上風光外，更可以抬頭遠望，阿姆斯特丹整個市區，燈火輝煌，有如一座鑽石城，許多新建的高樓大厦，大都是現代化的觀光旅館和政府辦公大樓，也有古趣洋溢的古老房屋，有的呈古堡形，像教堂及別墅之類，這類建築物大都有個尖形屋頂，巍然高聳，在夜空中呈現莊嚴肅穆，超然脫俗的形貌。

遊河的全部行程，大約耗時兩個多小時，晚風習習，夜凉似水，當船上導遊員休息停止播音的時候，全船只有馬達嗒嗒之聲，乘客們有的遊興正濃，有的靜坐養神，也有倦極打盹的，我本來也感到渾身倦怠，但仍勉強打起精神，這種賞心悅目的河上美景和異國情調，我是不甘心輕易錯過的。

在旅館門口遇到一名中國青年，交談之下，知道他僑居此地已有三年多，他說我國僑胞約有八萬人在此，都各有事業基礎，多從事醫師、藥劑師及各種技術工作，不過大多數經營餐館，都已有相當經濟基礎，並在此成立家室，生活可說安定無虞，其中以浙江籍人士較多。

我們在此僅停留一晚，所住旅館房間設備新穎，床舖被褥潔白如新，從寬大的玻璃窗外望，可以瞭望運河風光如畫，荷蘭留給我的印象是美麗的、明媚的，可算是歐洲大陸的一顆明珠。

三十四、從內華達到宿霧

泰和湖畔

是嵌在加州和內華達州之間的一面明鏡，站在泰和湖畔，將視線透過水波望去，眞正叫人想躍入湖中，在一片湛藍中沉沉睡去。湖面漾起層層細紋，遊艇輕捷地飄過，有如自由飛翔的燕子，白色的風帆，漲滿了風，像燕子的雙翼，在空中搖曳着。水和天空一樣藍，在遠處的天邊，跟湖面連接一起，分辨不清那是天，那是水了。

四月已是仲春天氣，在沙漠地帶中的內華達州，仍偶然飄雪，氣候相當寒冷，但那天的太陽，非常鮮艷，從湖面刮過來的風，只覺微寒，並不砭骨，因此主人夫婦提議請我們遊湖，我是首先舉手贊成的。從屋後的階梯下去，就到了湖邊，附近一列十多座浮木碼頭，是這些湖邊別墅主人們私用的，浮木漆成各種鮮亮的顏色，兩旁有欄杆，一艘精致漂亮的遊艇，泊在碼頭邊，在隨時待命出發，無論白天或夜晚，只要主人一時高興，即可徜徉在碧澄浩渺的湖中。我們登上遊艇，潔白的甲板四周，圍繞着淡藍色木質欄杆，甲板上有鋼質的圓桌和靠椅，主人從甲板底層的小室中，取來冷飲和點心，室中有小型冰箱和儲櫃，爲了好奇，我尾隨女主人入內參觀一番。猶太籍的男主人，熱誠好客，是威士的好友，兩人各持一支釣竿，坐在船邊碰運氣，威士說運氣好時，在船行途中也有魚兒上鈎。

遊艇沿着湖岸前進，主人說爲了釣魚，不用馬達，隨着風帆盪去。一路上只見岸邊的各類別墅，有大有小，高矮不一，有的尖頂，有的呈圓形，也有古典的堡壘式，最多的是二層洋樓。別墅的主人大多住在城裏，只有周末假日，來逍遙數天，今天不是周末，所有的房子多半空着，在青葱蓊鬱的林木中，露出一角紅牆或白色的屋頂，有如童話中的仙居。除掉從岸邊的叢林中漏出幾聲鳥鳴外，湖上是個引人入夢的幽靜世界，即使偶然有遊艇掠過，也是悄然無聲，艇上的人互相揮揮手，便悠然遠去了。

湖的另一邊是加利福尼亞州，遠望一列青山，岡巒起伏，林木蒼翠，偶然看見一二幢民房，在遼濶無際的深山大壑中出現，不像是人類的居處。加州的氣候好，土壤又肥沃，得天獨厚遠比這邊的內華達州富庶，在這湖畔一角，可看出兩個迥然不同的世界，在這邊短短的一條街上，設有好多家賭場，從對岸加州來的有錢人，在此地除擁有豪華的別墅和遊艇外，更是各家賭場的豪客，威士說別小看這偏僻的湖畔小村，每逢周末假期，車隊和遊客像流水般湧入，酒吧、旅館和餐廳，擠滿了渡假休閒的人，夜間燈火輝煌，將湖面照得通亮。

在歸航途中，我特別注意湖畔一些垂釣的人，一副老僧入定與世無爭的神態，使湖畔平添幾分幽趣。

島上的女郎

從背後望去，就覺得她們是可愛的一羣，在韓國南方的濟州島路上，到處可以看到一些年輕女郎，腦後繞着一條長辮子，滴光烏亮的像緞子一般，隨在什麼時候看到，她們身上總穿着整潔寬大的長袍，有的是寬肩肥袖的短衫，腰下繫一條長裙，也是寬幅的，一直拖到脚踝，衣裙的色澤多半鮮亮，淡紅、淺綠或深紅，也許由於島上青山碧水的孕育，她們幾乎都有一副嬌美的容顏和婀娜窈窕的身影，臉上什麼也沒有搽，却自有一份純樸和嫵媚。在漢城街上，我們也看到不少韓國美女，但都不及島上女郎們的健壯和結實，她們幾乎每人背負重物，一隻粗大的竹簍，裏面盛滿衣物或菓蔬什麼的，顯得沉重，也相當辛苦，但仍然背脊筆挺，步履矯捷地昂頭邁步向前，那份吃苦耐勞的精神，決不是着高跟鞋的城市女郎們比得上的。

友人招待我們吃海鮮，說是濟州島著名的特產，蚌、蟹和蝦貝，名堂很多，走進海鮮店，陣陣誘人的香味，撲鼻而來，大家在齒頰留香的頃刻，自然談起了島上海女的故事，女郎們從小便訓練了潛海的好身手，跟着母親出海，無論刮風下雨或寒冷天氣，仍然穿上潛水衣，深入海底，撈取海草、海參和各種魚類。從海鮮店出來，午後的陽光，將海面耀成一片鮮藍。我們沿着海邊的碎石路走去，銀白晶瑩的沙灘上，被浪花一波波冲擊着，女郎們三五成羣，各人有的手提，有的背負，棕色的篾簍裏，盛着活生生的海鮮，就在路邊談生意，被曬得紅艷艷的臉頰上，綻開了嬌柔的笑靨，我們不懂韓語，很可惜，友人說價錢不貴，有人當場購買，就拌着山葵醬吃，據說又辣又鮮，非常可口。女郎們有的剛從海底撈獲上岸，就向路人兜售，賣完了笑嘻嘻地回家去，用心傾聽，女郎們清脆輕柔的談笑聲，在呼嘯的海濤聲中，隨着海風到處飄送。

濟州島現在是個五十萬人口的海上樂園，四周環繞着清澈如鏡的海水，擁有廣袤的牧場，天然的海水浴場，溫、熱、寒三帶的奇木異卉，產量豐盛的柑橘，還有許多有關木石的傳奇神話，凡是韓國的新婚夫婦，都要來到島上渡蜜月，享受一番海國的神秘和美景，可是其他在此留連整日，印象最深刻的，却是女郎們背負竹簍的輕捷步伐和綽約的風姿。

宿霧海灘

在宿霧的海灘上漫步，隨身伴着的是海濤的絮語，海風的呼嘯，還有到處撒佈清蔭的椰子樹，那筆挺直立的椰子樹，美得出奇，青葱茂密的葉片，成輻射狀向四面伸出，我不知道該不該叫做莖或枝，反正葉子是從那上面長出，均勻又細致，以精確的等距離生長，一片挨着一片，一株椰子樹就被這密密叢生的枝葉簇擁着，形成一種美妙無比的天然景觀，將宿霧的海灘點綴成一派活潑浪漫的熱帶情調。

陽光下的沙灘，晶瑩燦白得令人睜不開眼，據說海裏珊瑚礁太多，長年累月，經過海浪的冲擊，海水的浸蝕，生命力再強再堅硬的珊瑚，也會變成顆粒細砂，再經大海神奇的手推送，便將海邊舖成一片遼濶無際的沙灘，想着此刻脚下踩着的，原是無數的生命，眞不可思議。海面總是那麼平靜，只在海灣激起一些浪花，彷彿一串串白色珠鍊，又像銀白花邊，鑲在大海的邊緣上。海鷗也一直伴着我們，在海邊散步，絕不會寂寞，只一抬頭，一隻或數隻，在頭上繞圈子，看着飛走了，忽又回來了，有時飛得很低，嘎然一聲長鳴，倏然不見了。

菲律賓是個島國，有七千多個大小島嶼，宿霧島的首府宿霧市，更是海上一顆明珠，也是觀光渡假的勝地，海灘上佈滿了彩色繽紛的太陽傘，遠望像無數五彩大蝴蝶、游水、滑浪和駕帆船的人，在海上大顯身手。作日光浴的男女老少，在沙灘上三五成堆，躺的、坐的，更有年輕女郎在跳土風舞，旁邊有人拉手風琴助興。

沙灘被曬得發燙，我們都不敢脫鞋，一陣海浪撲來，將鞋襪浸得透濕，大家來不及逃避，海水退後，灘上留下一層水跡，沙變軟了，濕了，一步一個脚印。拾貝殼的人有福了，一陣海浪帶來無數的寶貝。我最愛拾貝殼，冒着烈陽，讓海水浸濕了脚，也不退縮，彎下腰一手一個，只要是漂亮的從不放過，最可愛是紫色的，帶細條白紋，有些是淡紫中帶藍紋，花紋呈海浪形排列，拾在手中，閃閃發亮。

宿霧的海灘上，最富詩意的莫過於小茅屋了，一律用寬大的椰葉編製的牆，手工相當精致，有的椰葉還帶綠色，是新編的，茅屋當然也是新蓋，屋頂上的茅草也帶綠色，尖尖的像塔頂，茅草從四面垂下，也不加修剪，留着一份自然的原始風貌，既古典又浪漫，既奔放又瀟灑，初來的遊客，以爲屋主定是一位詩人、隱者或藝術家，那種無拘無束，自由自在的神態，彷彿與世隔絕，不食人間煙火，一幢幢隱隱約約地躲在綠樹叢林之中，那麼謙虛可愛，誰都想伸頭去一探究竟，雖然沒有詩人墨客，却是窗明几淨，一切現代化設備，應有盡有，樂得好奇的觀光客，獲得古典與現代的雙重享受。

三十五、北國之行

公路風光

在美國旅遊時，車子在高速公路上奔馳，總禁不住讚嘆一路上風光如畫，密如蛛網般的公路，有筆直如條狀，有彎曲似弧行，更有作環狀繞成圓圈形的，平坦、寬敞和密集，遠望眞是蔚爲奇觀，不想進入加拿大境內，亦復如此。加拿大有北國之稱，位於北緯四十到六十度之間，終年氣候寒冷，卽使夏天也不炎熱，現在是初秋時節，天氣不冷也不熱，但早晚仍覺有些寒意，好在我們早已想到，各人都帶了毛衣和外套，隨時可以披上。

車子離開美國境後，愈往北行，氣候愈覺涼爽，天空也似乎更藍更澄淨，從窗口吹來的迎面風，寒意颯颯，離開亞熱帶的臺灣寶島，還不到半個月，驟然置身此地，總覺得渾身不大自在，原來是氣溫差異的緣故。我寧願忍受着拂面的寒風，將車窗大開，爲的是貪戀沿途美麗的風光。在美國的公路上駛過，看到兩旁空曠無人的草原田野，大有地廣人稀之感，如今看到加拿大的鄉村，更覺空曠遼濶，廣袤無際的平疇綠野，別說看不到人跡，連竹籬茅舍都看不到，大片大片的平原上，只見青蒼茅草和成叢成簇的灌木，一眼望去，簡直漫無邊際。當然也有農田，但跟杳無人烟的曠野相比，幾乎是小巫見大巫。有農田的地方，就有三五幢農舍，點綴其間，因爲空間太遼濶，小小農舍顯得那樣孤獨冷清，也不起眼，如不認眞看去，還眞不容易發現。我們每次見到一間農舍，便不禁驚呼起來，眞像一個奇蹟。這裡的農舍不僅形式美觀，尖頂平房，顏色更是有紅、白、藍及淡綠等，一幢幢小巧玲瓏，隱約出現於青葱林木之間，彷彿童話中的仙居。看來這些農村田舍的環境，十分幽靜可愛，加拿大人口稀少，而農村人口更是寥寥無幾，從未看到門前屋後，有兒童們的踪跡，跟在臺灣所見村道上成羣兒童嬉戲的現象，大異其趣，偶然發現一兩隻犬或鷄，在村屋前後徘徊走動，就算是了不得了。

加拿大的農村如此地廣人稀，所見到的農場和農田，規模却都相當龐大，小麥及棉花田，往往面積綿延遼濶，一望無際，菓園也是可觀，寒帶水菓像蘋果和梨都是加拿大最好的產品，我們沿着高速公路極目望去，只見一片片矮株的菓樹，辨不出是什麼水菓，那種茂盛豐碩，可預卜豐收，令人喜悅。這種運用高度科技從事耕作的農田，景觀上雖顯得整齊劃一，我却不欣賞，似乎單調呆板了些；倒喜歡看中國農村有耕牛牧童和荷鋤漫步的老農，那份悠閒自在的情調。

加拿大境內的湖泊，到處可見，而又美得出奇，公路兩旁，遠遠近近，湛藍瀲灩的湖水，像嵌在廣大草原中的明鏡，同行的陳君，在此僑居近卅年，對那些湖泊的名字，如數家珍般報出，我一個也記不得，不過聽來都悅耳動聽，什麼露易絲、聖瑪琍和亞爾伯等等，有的湖邊有人垂釣或泛舟，有的浮着成羣的野鴨，但多數的湖是寂靜空洞的，什麼也沒有，只有叢叢綠樹圍繞，不禁想起臺灣的湖泊，像日月潭和碧潭等，每逢假日那一處不是人潮汹湧，遊客如雲。加拿大雖和美國一樣是移民國，但終因面積遼濶，氣候酷寒，可資利用開發的土地遠不及美國，因此世界各國的移民目標，寧願就美國而捨加拿大。

「要不要到湖邊看看？」陳君忽然回轉臉來問。

「好啊！我第一個舉手贊成。」我搶先表示了同意，另外兩位同伴也附和了。

陳君將車頭往左拐去，車子駛離了高速公路，漸漸地跨上一條較窄的水泥路，雖未鋪柏油，路面却很平坦，經過一排密密的樹林，從樹隙間看到一片晶亮的湖水，水色碧綠，很快到達岸邊。我們下了車，舉目望去，寥無人跡，湖中有一羣野鴨在另一邊游蕩，大約十來隻，我們招手又呼喚，野鴨們不理睬，只抬頭朝我們張望，陳君從車上取來麵包，撕成碎片，投入湖中，忽然，野鴨們爭着游來，一時嘓嘓鳴叫之聲，此起彼落，一陣爭搶啄食，幾片麵包，一會兒就吃光了，有的似乎意猶未盡，仍然抬頭翹望，在岸邊徘徊不去。這裡眞不失人間仙境，岸邊的樹叢，在水面映出清晰的倒影，呈墨綠色，微風拂過時，漾起縷縷波紋，看來輕柔細致，極像國畫工筆山水中的水紋。我們沿着一條彎曲的小徑走去，頭上是一抹青山，山雖不高，樹木却茂盛青蒼。最多的是楓樹，葉面呈橢圓形，陳君說再過一兩個月，降霜後，楓葉都變成赭紅色或鵝黃色，艷麗非凡，那時將是滿山錦繡，定會招來無數觀賞楓葉的遊客，可惜我們來早了一步。

山間木屋

車子駛入山區後，原以爲更是杳無人跡，所遇見的只是清一色的崇山峻嶺，不料前面出現一塊平地，更有一列乳白色的木屋，掩藏在綠樹叢中，一律是平房，陳君說這些山間小別墅，是專供遊客休息過夜的，經營的主人往往是一對上了年紀的老夫婦，只須少許投資，從地主買來或租下一塊山地，僱工砍掉樹木，再整平地面，然後就地取材，建造幾間小木屋出租，在當地報紙上登點小廣告，包會使一些終年蟄居喧囂擁擠和空氣汚濁的都市人，不遠千里的趕來，在此渡過一個清幽寧靜的週末假日。木屋主人除供應熱水沐浴之外，也供應簡單的飲食，啤酒飲料固然不在話下，遊客要吃山珍野味，也同樣供應，男主人多半是富經驗的獵手，野兎山雉，有新鮮的也有醃製的，任遊客選擇。如遊客自己動手打獵，主人也表歡迎，有了獵獲物，他會樂意代爲烹煮。陳君說他曾在兩年前，跟友人來此渡假，在山間獵得一隻肥雉，請主人燒煮後，再邀來共餐，主人免費供應啤酒，桌間並大談狩獵的逸聞趣事，結果賓主同樂，美酒珍餚，直到酒醉飯飽，盡興極了。

「可惜老人在一年前因中風去世了，現在木屋換了主人，不過沒有關係，我們今夜還是住在此地。」陳君邊說邊將車倒退幾步，以便拐進木屋前的草地上。

我們越過草坪，陳君走前，推門進入，兩個女孩坐在桌邊玩牌，屋內清靜得出奇，她們一齊轉過臉來望着我們，陳君走近前問：

「主人呢？」

「打獵去了，你們有什麼事？」那個一頭金髮，閃着一雙大眼睛的女孩問，看來大約十六七歲。

「我們想住在這裡，還有房間嗎？」

「不知道，」女孩剛說出，忽又改口說：「哦，有，有，不過要等約翰舅舅回來——」正說話間，一個整頭白髮的老人跨進門來，一眼看到陳君，立即伸手往他肩上一拍：

「哈囉！好久不見你了？你來做什麼？」說畢首先自己哈哈大笑起來，一副滿不在乎的坦率天眞神情，旣風趣又幽默，並跟陳君抱在一起。

陳君對我們說，他跟約翰其實只見過一次面，半年前陪友人來，只盤桓一個上午就走了，想不到老人竟然還記得，並像老友一樣熱誠招呼。我們當即被安頓住進兩間房，房間不大，陳設也簡單，床、桌、椅和一隻衣櫥，大玻璃窗，窗外是蓊鬱青翠的山林，室內收拾潔淨，打蠟的地板，白布窗帘，壁上只掛了一份日曆，其餘什麼也沒有，可是樸實幽靜，比都市中的觀光飯店，更使人覺得舒適自在，輕鬆愉快，心情上沒有絲毫壓力，這份歸眞返璞的原始趣味，絕非都市人所能想像得到的。

晚飯後，我們各自回房休息，同室蕙芸跟我相約，今晚要等待月亮上昇後才入睡，兩人並肩守在窗口，喝咖啡聊天，大約十點左右，一輪皓月，從疏落的松林間湧現，清輝萬縷，伴着我們在這遙遠陌生的異國，進入夢境。

三十六、風從那裏來

古屋　古井

懷着探幽訪古的心情，在澎湖的街上走過，凹凸不平的灰褐色石板，在脚下嘆息，大塊小塊的，露出裂縫，破損得太久了，碎石片堆起，一叢叢野草從石隙中冒出，到處蔓生。這條街道，原是當地人聚居的地方，現在却空蕩蕩的，顯得冷清，人們到那裡去了？這兒多久沒有人走了？誰知道啊！街兩旁的平房，默然相對峙立，好寂寞，有的大門虛掩，窗板脫落了，張着啞然失望的大口，臺階上長了青苔。爲了好奇，我走近去，伸頭朝裡張望，一片黝黑，什麼也看不見，一股霉濕味，冲着鼻尖，人呢？怎麼看不見？順手推開木門，差點應手傾倒，急忙扶住，眞不相信，這麼美好的屋子沒有人住。一律平房，屋頂上的瓦片，排成整齊的行列，看來厚重結實又精致，決不像現代都市的洋樓，用粗糙冰冷的鋼筋水泥，沒有一點生氣和情趣，而這些平房連牆壁都溫厚可愛，是一塊塊砧硓石，用手堆聚的，一幢屋要堆多少塊？眞想發個傻勁來數一數，每一塊都那麼古拙樸實，完全出自大自然的手筆。仔細看去，表面有無數小孔，圓圓的，被海風磨得滑潤，透着麻褐色的光，那色澤跟泥土完全一樣，要不是形狀古怪突出，幾乎懷疑它就是泥土，用手摸去，一塊一塊層次分明，有稜有角。正面望去，屋頂呈人字形，往兩邊垂落，跟大陸家鄉的老屋一模一樣，這在情感上更有了牽繫，站在屋前，就像回到了老家，此刻多麼渴望着從屋裡有人走出，以便迎上前去攀談，敍敍鄉情。眞的，當我們漫步走過古屋時，一份親切溫馨的感受，油然而生，只隔一道海峽，兩岸的文化淵源和民族情感，是從一條根上發出來的呢。

一些保留完整外觀沒有絲毫損毀的古屋，該是本省先民住宅極珍貴的遺址，現在已經非常少見，因此在有心人的眼中，成了國家瑰寶，視作第一級古跡。古老歲月的痕跡，點點滴滴地印在上面，訴說着多少滄桑往事和生離死別，我們走過時，似乎仍依稀覺得先民們的聲音笑貌，從洞開的窗口裡，幽幽地湧現。跟古屋息息相關的是造型古雅的石井。井口有木質的蓋，街中心有一口是由四個井組合成的，整齊美觀，生平僅見，據說這口井的水質特佳，清涼甘美，即在旱年也不乾涸。這麼美好的井水，想着昔日來到井邊汲水的村姑少婦，在淸晨夕暮，倩影姍姍，不知有過多少韻事，在晨曦暮靄中飄落。自從政府在島上建了自來水廠，人們有了淸潔方便的飲用水後，這些古井便只有專供欣賞和懷念的價值了。

歷史告訴我們，澎湖比臺灣早在四百年前就開發了，在元世祖忽必烈時代，西元一千二百多年統一中國時，便將澎湖納入統治範圍，開始正式在此設治，因此澎湖的古蹟多，自是意料中事。除古屋、古井之外，古廟也是史跡斑斑，在馬公的天后宮裡，留下了本省最古老的媽祖神像，據說早在明朝萬曆年間，即西元一千五百多年時，媽祖就已經在此享受香火奉祀了。跨入廟門，只見牆壁損毀，彩色繪畫剝脫，粗壯的廊柱和窗檻壁飾等，雖都已褪落傾圮，但原有的精美細巧，傳統建築藝術的典雅風格，仍然存在。澎湖全島共有二百多幢古廟，每幢都是先民們的智慧與思想的結晶，那些臨風飛躍的美妙燕尾，高聳的懸簷，都具體地表現了中華建築文化的古典與浪漫的美。

風從那裡來

風，有溫柔的，也有狂野猛烈的，一陣陣，像無數手指和手臂，從四面八方襲來，將人的頭髮、臉頰和四肢，推、刮、撕、扯，一點不講情面的搗亂，只要在戶外，尤其海邊，總也站不住、走不穩、坐不安，恰逢初冬季節，正是強風肆虐的時候，據說這還是開始，正式進入嚴冬以後，風勢更猛更烈，刮起地上的砂石，漫天飛舞，人們要遮住眼睛才能走路。那天下午，我們剛跨下飛機，首先來迎接的便是一陣強風，幾乎使大家站立不穩。一路看到的行人，都低着頭，縮着脖子，時刻忍受着強風陣陣的撲擊，既然無法逃避，便只有鼓起勇氣接受挑戰了。看當地人的臉上身上，那股特有的堅毅剛強的神情，說不定就是被風磨鍊出來的。有人說澎湖的風，是從海上來的，站在海邊岩岸上，遠望海面，波濤掀起像座小山，撲面襲來的風，像巨人的魔掌，拍得臉頰發疼，連呼吸也塞住了，喘不過氣來。似乎風不一定來自大海，人站在海邊，覺得前後左右都同受襲擊，到底風從那裡來？誰知道呢？隨着風吹來的是鹹雨，在島上到處降落，滲入泥土中，將植物連根苗一齊殺死，使地上的農作物，無法生長，因此人們缺乏賴以維生的主食稻穀，在貧瘠的土地上，只能種些花生和高粱等雜糧。

人們說只要進入夏季，每年從五月開始，可怕的季候風沒有了，只要風停，島上就又呈現一片生機，從泥土裡迸出嫩綠的新芽，陽光慷慨地灑滿大地，居民們從屋裡走出，擺脫了季風的威脅，在田間水邊重拾回歡笑。討海是島民們最多的活動，也是最大的生活資源，海邊永遠是他們的樂園，一排排漁船密集著，大部份是在夜間出海，據說在燈火下撒網，魚群更喜歡湧來，成群地投入網中，讓漁人們歡呼著大笑，也讓海邊揚起一片鬧熱。

海風又呼嘯著掃來了，既然來到島上，便得準備一番勇氣迎接它，我昂首挺胸，爬上一堆黑色岩石，尖硬的石嘴，咬著脚底發痛。岩上的草叢和灌木，一律哈腰駝背，被強風刮得東歪西倒。我拉住一堆草叢，支住自己，以免被風擊倒。風衣隨著風勢飄揚，幾次用手揪牢，才沒有被刮走。同伴在岸上叫我，拚命向我招手，要我回去，我聽不見他的聲音，在風中再大的聲音也被吹散。又是一陣狂風撲來，浪濤跟著湧過，打擊著岩石，發出嚇人的巨吼，激起片片浪花，像雪花一樣堆聚，只一剎那就散去了，燦白的雪花消失得無影無踪。風一陣陣撲來，浪花一堆堆揚起，如此消長起落，永無停息，我呆望著，驚嘆大自然的神奇偉大，甘願忍受著強風的狂襲猛撲，不想離去。

海的抒情

可曾讀過法國印象派作家筆爾·邏逖筆下所描寫的海？現在我站在澎湖的海邊，竟自然而然地想起北極洋，那個羅逖筆下的變幻莫測、浩瀚無涯的大海和海中那個貧瘠多風，居民專靠捕魚維生的海島——冰島來，在作家的眼中，大海不但有生命和靈魂，更有豐富深厚的情感。海更是個仁慈的母親，供給島民們以豐盈的生活資源，孕育一代又一代的子民，生生不息，日子過得逍遙快樂，無憂無慮，因爲海的無盡的資源，是人們生活最可靠的保障。北極洋我沒有到過，只透過作家的筆，知道那兒有強壯年輕的漁夫，矮小簡陋的茅屋，在寒冷潮濕的空氣中，永遠飄盪不散的魚腥味，尤其終日不歇的刮著海風，我想這些都跟澎湖完全相似，所不同的是冰島那個小小漁村，對我是遙遠又陌生，而此刻在我脚下的這塊土地，却熟悉又親切，我雖不是此地的居民，但在血緣和情感上，自有我的一份。

在陽光下，那一望無際的沙灘，像舖上一層銀粉，璀燦雪白，幾乎令人睜不開眼。有一群孩子在追逐嬉戲，同伴說，他們在淺水中拾貝殼和魚蝦，還有一種小蟹，都是被海浪沖上來的，海浪退後，那些小生物留在沙灘上，孩子們拾回家，是餐桌上一味甘美的海鮮。

海水藍得出奇，藍得好美，遠望像一塊藍色的軟緞，看不出一絲皺紋，最難得是天空也和海水一般藍，藍得潔淨單純，沒有一片白雲，只有偶然一兩隻海鷗飛過，在天空中留下最美的點綴。有人說要看海，最好到澎湖來，因爲沒有工業汚染，天空和海水還保持著原始的自然面貌和品質，新鮮淸潔，這話的確有道理。

海岸風光是永遠看不厭，也看不完的，由玄武岩構成的巉岩怪石，黑、褐、灰、白和藍紫，在陽光下閃出五彩爛縵的色澤。有人在選擇適當的角度，將焦點對準，要將澎湖海岸的萬千奇景，攝入鏡頭，眞的，澎湖海岸的迷人和誘惑，誰能抗拒得了呢？

滄海叢刊已刊行書目(七)

書名	作者	類別
文學欣賞的靈魂	劉述先	西洋文學
西洋兒童文學史	葉詠琍	西洋文學
現代藝術哲學	孫旗譯	藝術
書法與心理	高尚仁	藝術
音樂人生	黃友棣	音樂
音樂與我	趙琴	音樂
音樂伴我遊	趙琴	音樂
爐邊閒話	李抱忱	音樂
琴臺碎語	黃友棣	音樂
音樂隨筆	趙琴	音樂
樂林蓽露	黃友棣	音樂
樂谷鳴泉	黃友棣	音樂
樂韻飄香	黃友棣	音樂
色彩基礎	何耀宗	美術
水彩技巧與創作	劉其偉	美術
繪畫隨筆	陳景容	美術
素描的技法	陳景容	美術
人體工學與安全	劉其偉	美術
立體造形基本設計	張長傑	美術
工藝材料	李鈞棫	美術
石膏工藝	李鈞棫	美術
裝飾工藝	張長傑	美術
都市計劃概論	王紀鯤	建築
建築設計方法	陳政雄	建築
建築基本畫	陳榮美 楊麗黛	建築
建築鋼屋架結構設計	王萬雄	建築
中國的建築藝術	張紹載	建築
室內環境設計	李琬琬	建築
現代工藝概論	張長傑	雕刻
藤竹工	張長傑	雕刻
戲劇藝術之發展及其原理	趙如琳	戲劇
戲劇編寫法	方寸	戲劇

滄海叢刊已刊行書目(六)

書名	作者	類別
人生小語(一)(二)	何秀煌	文學
印度文學歷代名著選(上)(下)	糜文開	文學
寒山子研究	陳慧劍	文學
孟學的現代意義	王支洪	文學
比較詩學	葉維廉	比較文學
結構主義與中國文學	周英雄	比較文學
主題學研究論文集	陳鵬翔主編	比較文學
中國小說比較研究	侯健	比較文學
現象學與文學批評	鄭樹森編	比較文學
記號詩學	古添洪	比較文學
中美文學因緣	鄭樹森編	比較文學
比較文學理論與實踐	張漢良	比較文學
韓非子析論	謝雲飛	中國文學
陶淵明評論	李辰冬	中國文學
中國文學論叢	錢穆	中國文學
文學新論	李辰冬	中國文學
分析文學	陳啓佑	中國文學
離騷九歌九章淺釋	繆天華	中國文學
苕華詞與人間詞話述評	王宗樂	中國文學
杜甫作品繫年	李辰冬	中國文學
元曲六大家	應裕康 王忠林	中國文學
詩經研讀指導	裴普賢	中國文學
迦陵談詩二集	葉嘉瑩	中國文學
莊子及其文學	黃錦鋐	中國文學
歐陽修詩本義研究	裴普賢	中國文學
清真詞研究	王支洪	中國文學
宋儒風範	董金裕	中國文學
紅樓夢的文學價值	羅盤	中國文學
中國文學鑑賞舉隅	黃慶萱 許家鸞	中國文學
牛李黨爭與唐代文學	傅錫壬	中國文學
浮士德研究	李辰冬譯	西洋文學
蘇忍尼辛選集	劉安雲譯	西洋文學

滄海叢刊已刊行書目 (三)

書名	作者	類別
我國社會的變遷與發展	朱岑樓主編	社會
開放的多元社會	楊國樞	社會
社會、文化和知識份子	葉啓政	社會
臺灣與美國社會問題	蔡文輝 蕭新煌 主編	社會
日本社會的結構	福武直 著 王世雄 譯	社會
財經文存	王作榮	經濟
財經時論	楊道淮	經濟
中國歷代政治得失	錢穆	政治
周禮的政治思想	周世輔 周文湘	政治
儒家政論衍義	薩孟武	政治
先秦政治思想史	梁啓超原著 賈馥茗標點	政治
憲法論集	林紀東	法律
憲法論叢	鄭彥棻	法律
師友風義	鄭彥棻	歷史
黃帝	錢穆	歷史
歷史與人物	吳相湘	歷史
歷史與文化論叢	錢穆	歷史
歷史圈外	朱桂	歷史
中國人的故事	夏雨人	歷史
老臺灣	陳冠學	歷史
古史地理論叢	錢穆	歷史
秦漢史	錢穆	歷史
我這半生	毛振翔	歷史
三生有幸	吳相湘	傳記
弘一大師傳	陳慧劍	傳記
蘇曼殊大師新傳	劉心皇	傳記
當代佛門人物	陳慧劍	傳記
孤兒心影錄	張國柱	傳記
精忠岳飛傳	李安	傳記
師友雜憶 八十憶雙親 合刊	錢穆	傳記
困勉強狷八十年	陶百川	傳記

滄海叢刊已刊行書目（二）

書名	作者	類別
老子的哲學	王邦雄	中國哲學
孔學漫談	余家菊	中國哲學
中庸誠的哲學	吳怡	中國哲學
哲學演講錄	吳怡	中國哲學
墨家的哲學方法	鍾友聯	中國哲學
韓非子的哲學	王邦雄	中國哲學
墨家哲學	蔡仁厚	中國哲學
知識、理性與生命	孫寶琛	中國哲學
逍遙的莊子	吳怡	中國哲學
中國哲學的生命和方法	吳怡	中國哲學
儒家與現代中國	韋政通	中國哲學
希臘哲學趣談	鄔昆如	西洋哲學
中世哲學趣談	鄔昆如	西洋哲學
近代哲學趣談	鄔昆如	西洋哲學
現代哲學趣談	鄔昆如	西洋哲學
思想的貧困	韋政通	思想
佛學研究	周中一	佛學
佛學論著	周中一	佛學
現代佛學原理	鄭金德	佛學
禪話	周中一	佛學
天人之際	李杏邨	佛學
公案禪語	吳怡	佛學
佛教思想新論	楊惠南	佛學
禪學講話	芝峯法師	佛學
圓滿生命的實現（布施波羅蜜）	陳柏達	佛學
絕對與圓融	霍韜晦	佛學
不疑不懼	王洪鈞	教育
文化與教育	錢穆	教育
教育叢談	上官業佑	教育
印度文化十八篇	糜文開	社會
中華文化十二講	錢穆	社會
清代科舉	劉兆璸	社會
世界局勢與中國文化	錢穆	社會
國家論	薩孟武譯	社會
紅樓夢與中國舊家庭	薩孟武	社會
社會學與中國研究	蔡文輝	社會

滄海叢刊已刊行書目（一）

書名	作者	類別
國父道德言論類輯	陳立夫	國父遺教
中國學術思想史論叢（一）（二）（三）（四）（五）（六）（七）（八）	錢穆	國學
現代中國學術論衡	錢穆	國學
兩漢經學今古文平議	錢穆	國學
朱子學提綱	錢穆	國學
先秦諸子論叢	唐端正	國學
先秦諸子論叢（續篇）	唐端正	國學
儒學傳統與文化創新	黃俊傑	國學
宋代理學三書隨劄	錢穆	國學
莊子纂箋	錢穆	國學
湖上閒思錄	錢穆	哲學
人生十論	錢穆	哲學
中國百位哲學家	黎建球	哲學
西洋百位哲學家	鄔昆如	哲學
比較哲學與文化（一）（二）	吳森	哲學
文化哲學講錄（一）（二）（三）（四）	鄔昆如	哲學
哲學淺論	張康	哲學
哲學十大問題	鄔昆如	哲學
哲學智慧的尋求	何秀煌	哲學
哲學的智慧與歷史的聰明	何秀煌	哲學
內心悅樂之源泉	吳經熊	哲學
哲學與宗教（一）（二）	傅偉勳	哲學
愛的哲學	蘇昌美	哲學
是與非	張身華譯	哲學
語言哲學	劉福增	哲學
邏輯與設基法	劉福增	哲學
知識・邏輯・科學哲學	林正弘	哲學
中國管理哲學	曾仕强	哲學